T0207742

Kompass Digitale Bewerbung

Stephan Pflaum

Kompass Digitale Bewerbung

Für Student*innen und Absolvent*innen

 Springer

Stephan Pflaum
Career Service der LMU
Ludwig Maximilian University
München, Deutschland

ISBN 978-3-658-41690-4   ISBN 978-3-658-41691-1   (eBook)
https://doi.org/10.1007/978-3-658-41691-1

Die Deutsche Nationalbibliothek verzeichnet diese Publikation in der Deutschen Nationalbibliografie; detaillierte bibliografische Daten sind im Internet über https://dnb.d.nb.de abrufbar.

Einbandabbildung: © Syda Productions / stock.adobe.com

Planung/Lektorat: Eva Brechtel-Wahl
Springer ist ein Imprint der eingetragenen Gesellschaft Springer Fachmedien Wiesbaden GmbH und ist ein Teil von Springer Nature.
Die Anschrift der Gesellschaft ist: Abraham-Lincoln-Str. 46, 65189 Wiesbaden, Germany

Vorwort

Vorab: Um der Lesbarkeit willen ist dieses Buch durchgehend in der weiblichen Form geschrieben. Selbstverständlich richtet es sich auch an alle anderen Leser*innen vom Ersti bis zur Promotion aus allen akademischen Fachbereichen.

2020: Corona → Alles auf online!

Im März 2020 hatten wir, was zu diesem Zeitpunkt keiner ahnte, für fast zwei Jahre unser letztes lokales Career Event im Gärtnerplatz-Theater. Es war eine Networking-veranstaltung für Studentinnen, Mentorinnen und Unternehmensvertreterinnen. Hände-schütteln, Small Talk, gemeinsames Essen und Visitenkartentausch vor Ort waren bis dahin selbstverständlich, geradezu unabdingbar für unsere Events.

Mit dem ersten Lockdown war dies alles erst einmal vorbei. Quasi über Nacht, denn das Studium und auch die Arbeit in Unternehmen musste ja die erste Zeit im wahrsten Sinne des Wortes „irgendwie" weitergehen, wurden alle Vorlesungen, Seminare, ja auch Onboardingprozesse und ganze Arbeitsprozesse wie auch Praktika auf den reinen Onlinebetrieb umgestellt. Medien wie Zoom oder Teams wurden innerhalb weniger Wochen von der Randerscheinung zur alternativlosen Selbstverständlichkeit.

So stellten wir auch unsere Career Services, Seminare und Events erst einmal komplett auf online um.

2022/23: und nun?

Erst 2022 kehrte wieder etwas von der gewohnten lokalen Normalität zurück. In der Zwischenzeit hat eine ganze Bachelor- und Mastergeneration ihr Studium fast komplett online absolviert. Das Gute im Schlechten: Onlinearbeit und Onlinekommunikation wurden zur Selbstverständlichkeit und inzwischen sollte jeder souverän mit verschiedenen Onlinemedien umgehen können. Denn es wird nicht mehr wie vor Corona sein. Der Digitalisierungsschub hat unter anderem die Bewerbungsprozesse stark verändert.

Wie der Digitalisierungsschub die Bewerbungsprozesse verändert hat

Onlinebewerberportale gab es schon vor Corona. Dennoch rückten sie mehr in den Vordergrund, da nur sie einen u. a. datenschutzrechtlich sicheren Ablauf garantieren:

Speicherung von Bewerberdaten auf einem sicheren zentralen Server, Einhalten von Löschungsfristen, gute prozessuale Einbindung aller beteiligten Unternehmensvertreterinnen. Der Versand von Unterlagen via E-Mail-Attachment ist im Vergleich unsicher und nicht datenschutzkonform.

Führten vor 2020 nur wenige Unternehmen Onlineinterviews durch, sind diese nun zur Selbstverständlichkeit geworden. Meist findet zumindest das erste Interview online statt und man erwartet einen souveränen Umgang der Bewerberin mit den entsprechenden Medien und ihren Add-ons.

Auch die Arbeit selbst hat sich verändert. Gearbeitet wird nicht nur im Büro oder beim Kunden vor Ort, sondern zu weiten Teilen auch im Homeoffice oder in Onlinekonferenzen.

Das folgende Arbeitsbuch soll Sie auf diese neuen Prozesse, den Bewerbungsprozess online und offline gut vorbereiten. Wenn Sie Fragen darüber hinaus haben, schreiben Sie mir gerne: stephan.pflaum@lmu.de

Dr. Stephan Pflaum

Danksagung

Mein großer Dank gilt meiner Arbeitgeberin, der Ludwig-Maximilians-Universität München. Sie bietet mir ein spannendes und auch nach mehr als zehn Jahren immer noch abwechslungsreiches Umfeld. Die Arbeit mit Studierenden und Unternehmen im Career Service (https://www.lmu.de/career-service) bereitet mir große Freude und motiviert mich, Bücher wie dieses zu schreiben.

Ich danke vor allem den Studierenden, deren Fragen in der Beratung und bei Career Events maßgebliche Quelle dieses Buchs waren. Namentlich möchte ich in alphabetischer Reihenfolge erwähnen: Ruben Brabenec, Adriana Callaku, Lydia E. Canals, Paulina Gluth, Sara-Estelle Gößwein, Andrea Johansen, Thekla Isabell Kalaman, Nattalie Krettek, Leon Kroll, Nadia Labadi, Tatiana Padilla Moros, Zelieus Namirian, Vân Nguyễn, Daniel Schade, Sandra Stockmar, Jiajin Zheng.

Last but not least bedanke ich mich für die Inspiration und Motivation aus dem Umfeld meiner Führungskräfte, bei Dirk Erfurth und Dr. Andrea Stiebritz sowie bei meinen Kolleg*innen Michael Brielmaier und Johanna Uitz und bei unseren studentischen Mitarbeiterinnen Yiling Ding und Marie-Theres Prinz.

Inhaltsverzeichnis

Tabellenverzeichnis

In meinen Beratungsgesprächen an der LMU mit Studierenden fällt häufig der Satz, dass man auf der Suche nach einem Beruf mit Purpose und/oder Impact sei. Diese Suche ist nicht neu. Denn bereits im Begriff des „Berufes" steckt seit Martin Luthers Zeiten die „Berufung", die man mit einem Job verbindet. Machen Sie sich vor jedem Bewerbungsvorhaben Gedanken zu Ihrem Purpose, zu Ihrer Berufung. Das hilft Ihnen dabei, gute Bewerbungsunterlagen vorzubereiten und gut vorbereitet in die anstehenden Bewerbungsgespräche zu gehen.

Versuchen Sie die Fragen in Tab. 1.1 mit jeweils ein bis zwei prägnanten Sätzen zu beantworten:

Ergänzende Information Die elektronische Version dieses Kapitels enthält Zusatzmaterial, auf das über folgenden Link zugegriffen werden kann https://doi.org/10.1007/978-3-658-41691-1_1.

Tab. 1.1 Auf der Suche nach dem Purpose, Impact und der Berufung

☐	Was verbinden Sie persönlich und für sich mit den Begriffen Impact, Purpose und Berufung?
☐	Was möchten Sie mit Ihrer Arbeit persönlich erreichen/bewegen?
☐	Was möchten Sie gesellschaftlich mit Ihrer Arbeit erreichen/bewegen?
☐	Was bedeutet „erfolgreich sein" für Sie persönlich?
☐	Wofür sind Sie in Ihrem Leben bislang dankbar?
☐	Welche Vorbilder (Menschen, Organisationen, Unternehmen, …) haben Sie?

(Fortsetzung)

Tab. 1.1 (Fortsetzung)

☐	Was bedeutet Arbeit für Sie?
☐	Was sieht eine gute „Work-Life-Balance" für Sie aus?
☐	Welche fünf Eigenschaften zeichnen für Sie einen guten Arbeitgeber / einen guten Arbeitsplatz aus?
☐	Was bedeutet individuelle Leistung für Sie?
☐	Was zeichnet gute Teamarbeit für Sie aus?
☐	Was motiviert Sie?

(Fortsetzung)

Tab. 1.1 (Fortsetzung)

☐	Was bedeutet Karriere für Sie?
☐	Wann und warum ist Ihre Jobsuche erfolgreich abgeschlossen?

Bevor Sie sich an die Bearbeitung von Tab. 2.1 machen, seien Sie sich bewusst, dass Sie für keine Stellenausschreibung alle Kriterien erfüllen bzw. in vollem Umfang erfüllen müssen. Im Zweifel gilt immer: Bewerben Sie sich!

Ergänzende Information Die elektronische Version dieses Kapitels enthält Zusatzmaterial, auf das über folgenden Link zugegriffen werden kann https://doi.org/10.1007/978-3-658-41691-1_2.

S. Pflaum, *Kompass Digitale Bewerbung*, https://doi.org/10.1007/978-3-658-41691-1_2

Tab. 2.1 Auf was achten Recruiterinnen bei einer Bewerbung?

Merkmal für die aus-geschriebene Stelle	Ausprägung bei Ihnen / in Ihrem Profil	Konkretisierung: Beschreiben Sie kurz und konkret, warum Sie dieses Merkmal erfüllen
Relevante Berufserfahrung (Praktika, Werkstudentinnen-stellen, Nebenjobs, berufliche Vorerfahrungen …)	- ☐ ☐ ☐ ☐ ☐ +	
Passende schulische und akademische Ausbildung (Schulabschluss, Bachelor, Master, Promotion, MBA, Berufsausbildung …)	- ☐ ☐ ☐ ☐ ☐ +	
Relevante Zusatzausbildungen und Zertifikate (Seminare, Fort- und Weiterbildungen zur Fach-, Methoden-, sozialen, personalen Kompetenz)	- ☐ ☐ ☐ ☐ ☐ +	
Kommen in Ihrem Anschreiben und/oder CV Schlüsselwörter vor, die zur Stelle passen, die z. B. auch in der Stellenaus-schreibung stehen?	- ☐ ☐ ☐ ☐ ☐ +	
Bringen Sie die erforderlichen Sprachkenntnisse mit? (eine/mehrere Fremdsprache/n, Deutschkenntnisse)	- ☐ ☐ ☐ ☐ ☐ +	
Haben Sie Aus-landserfahrungen? (Auslandssemester, Aus-landspraktikum …) – Jede Personalerin hat Verständnis, wenn Sie während Corona 2020–2022 Ihre Auslandspläne verschieben bzw. aufschieben mussten.	- ☐ ☐ ☐ ☐ ☐ +	
Was haben Sie über Ihr Studium „über den Teller-rand" hinaus an Erfahrungen gemacht? (fachfremde Praktika, Ehrenämter, soziales Engagement im Verein …)	- ☐ ☐ ☐ ☐ ☐ +	

(Fortsetzung)

Tab. 2.1 (Fortsetzung)

Merkmal für die aus- geschriebene Stelle	Ausprägung bei Ihnen / in Ihrem Profil	Konkretisierung: Beschreiben Sie kurz und konkret, warum Sie dieses Merkmal erfüllen
Ist Ihre Bewerbung klar strukturiert und ohne Fehler? (CV max. 2 Seiten, Anschreiben 1 Seite, keine Rechtschreib- und Grammatik- fehler, übersichtliches Layout …)	− ☐ ☐ ☐ ☐ ☐ **+**	
„Cultural Fit": Vermitteln Ihre Unterlagen ein persönliches Bild von Ihnen, das zur Unter- nehmenskultur passt?	− ☐ ☐ ☐ ☐ ☐ **+**	
Können Sie souverän mit Officeprogrammen wie Word, Excel, Powerpoint umgehen?	− ☐ ☐ ☐ ☐ ☐ **+**	
Beherrschen Sie Grundlagen der Datenanalyse?	− ☐ ☐ ☐ ☐ ☐ **+**	
Verstehen Sie die Logik einer Programmiersprache?	− ☐ ☐ ☐ ☐ ☐ **+**	

Selbst- und Fremdbild: reflektiert und selbstbewusst

3

Inhaltsverzeichnis

Unternehmen sind unabhängig von Branche und Fach nicht auf der Suche nach Abschlüssen, sondern Sie sind auf der Suche nach selbstbewussten und reflektierten Persönlichkeiten. Im folgenden Kapitel haben Sie Gelegenheit, vor diesem Hintergrund Ihr Selbst- und Fremdbild zu schärfen.

3.1   Selbstbild

3.1.1   Ihre persönlichen Interessen

Welche persönlichen Interessen haben Sie? Sind Sie z. B. kunstbegeistert oder zeichnen Sie selbst? Für was interessieren Sie sich über die Grenzen Ihres Studienfachs hinaus?

Ergänzende Information Die elektronische Version dieses Kapitels enthält Zusatzmaterial, auf das über folgenden Link zugegriffen werden kann https://doi.org/10.1007/978-3-658-41691-1_3.

S. Pflaum, *Kompass Digitale Bewerbung*, https://doi.org/10.1007/978-3-658-41691-1_3

Tab. 3.1 Ihre persönlichen Interessen

Interesse 1:
Interesse 2:
Interesse 3:

Benennen Sie Ihre Interessen mit einem Stichwort wie „Kunst" und beschreiben Sie in einem Satz, warum Sie diesem Interesse folgen (Tab. 3.1). Welchen Nutzen könnten diese Interessen mit Blick auf Ihre Karriere, die Stelle, auf die sie sich bewerben, haben?

3.1.2 Mein Engagement

Viele Personalerinnen interessieren sich dafür, was Sie neben Ihrem Studium, Ihrer Arbeit, Ihren direkten Karriereplänen tun, z. B. ehrenamtlich. Darüber hinaus ist dieses Engagement ein guter Spiegel Ihrer Persönlichkeit. Was tun Sie aus welcher Motivation für andere Menschen oder mit anderen Menschen? Beispiele für so ein Engagement reichen vom Mitwirken in einer Laientheatergruppe über Teamsportarten und Feuerwehr bis hin zur ehrenamtlichen Arbeit mit Kindern, älteren Personen oder Geflüchteten. Denken Sie beim Ausfüllen von Tab. 3.2 an aktuelle Engagements und an vergangene. Es sollte sich um ein Engagement über einen längeren Zeitraum (Monate) handeln.

Wo engagieren Sie sich und warum? Welche Ihrer persönlichen Stärken und Interessen kommen dort zum Einsatz? Welche Erfahrungen lassen sich auf Ihre Karriere/die aktuelle Bewerbung übertragen?

3.1.3 Meine fachlichen Kompetenzen

Fachliche Kompetenzen erwerben Sie im Rahmen Ihrer akademischen und/oder beruflichen Ausbildung. Sie sind meist mit Zertifikaten und Zeugnissen gut beleg-

Tab. 3.2 Ihr persönliches Engagement

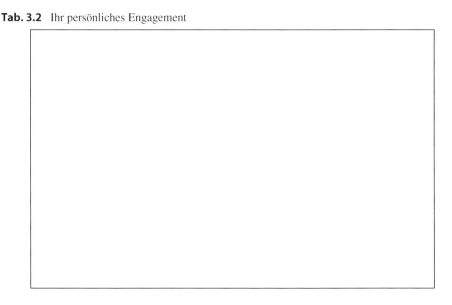

Tab. 3.3 Quellen Ihrer fachlichen Kompetenzen

- die Fächer und Kurse in Ihrem Notenspiegel,
- die Modulübersicht Ihres Studiums,
- Ihre Zeugnisse über Fort- und Weiterbildungen,
- die Tätigkeitsbeschreibungen in Ihren Arbeitszeugnissen aus Jobs, Praktika und Ehrenämtern,
- Ihre Zertifikate über Sprachkurse
- oder Nachweise aus IT-Kursen.

Tab. 3.4 Pool an Verben, um fachliche Kompetenzen zu erkennen und zu beschreiben

analysieren – organisieren – delegieren – managen – verwalten – sichten – erfassen – lesen – schreiben – sprechen – erstellen – präsentieren – formulieren – definieren – lösen – umsetzen – kritisieren – lernen – vermitteln – strukturieren – anwenden – entwerfen – evaluieren – kontrollieren – programmieren – leiten – führen – auswerten – darstellen – interpretieren – bewerten – zusammenfassen – entwickeln – gliedern – usw.

bar. Ein weiterer Ausdruck fachlicher Kompetenz sind Ihre Berufserfahrungen, die Sie im Rahmen Ihrer Tätigkeiten in Jobs, Praktika und/oder Werkstudententätigkeiten sammelten.

Es ist gut, eine Übersicht über Ihre Fachkompetenzen zu haben. Nicht alle werden Sie für jede Bewerbung, für jeden Job brauchen. So aber können Sie schnell die für ein Motivations- oder Bewerbungsschreiben relevanten herauspicken oder diese mit Blick auf eine bestimmte Stelle in Ihrem CV hervorheben. Tab. 3.6 unterstützt Sie dabei, Ihre Fachkompetenzen zu beschreiben (Tab. 3.4–3.6).

Tab. 3.5 Ihre fachlichen Kompetenzen

Kompetenz	Beschreiben Sie diese Kompetenz in ein bis zwei Sätzen und nennen Sie dabei ein Beispiel, wie Sie diese Kompetenz bereits eingesetzt haben.

Tab. 3.6 An welchen fachlichen Kompetenzen arbeiten Sie gerade, welche wollen Sie noch erwerben?

Kompetenz	Beschreiben Sie diese Kompetenz in ein bis zwei Sätzen und wie und warum Sie diese erwerben wollen.

3.1.4   Meine sozialen Kompetenzen

Ihre sozialen Kompetenzen gehören zu den sogenannten Softskills und beschreiben Ihre Eigenschaften im Umgang mit anderen Menschen, Gruppen und Institutionen (Tab. 3.8–3.9). Für viele Branchen und Berufe sind sie nicht zweitrangig, sondern gleichwertig mit Ihren fachlichen Qualifikationen zu sehen. In Tab. 3.7 sehen Sie eine

Tab. 3.7 Pool an sozialen Kompetenzen

Auf Andere zugehen – Empathie/Einfühlungsvermögen – Fähigkeit zu Delegieren – Fähigkeit, auch Nein zu sagen – Führungsfähigkeiten fachlich – Führungsfähigkeiten persönlich – Grenzen erkennen und ziehen – Hilfsbereitschaft – Interkulturelle Kompetenz – Anpassungsfähigkeit – Kommunikationsfähigkeit – Konfliktfähigkeit – Kooperationsfähigkeit – Kritikfähigkeit (Kritik an Andere richten) – Kritikfähigkeit (Kritik empfangen) – Moderationsgeschick – Problembewusstsein und Lösungsorientierung – Motivationsfähigkeit (mit Blick auf Andere) – Networking – Offenheit gegenüber Anderen – Teamfähigkeit – Umgangsformen – Verantwortungsbewusstsein (mit Blick auf Andere) – Verhandlungsgeschick – …

Tab. 3.8 Ihre sozialen Kompetenzen

Kompetenz	Beschreiben Sie diese Kompetenz in ein bis zwei Sätzen und nennen Sie dabei ein Beispiel, wie Sie diese Kompetenz bereits eingesetzt haben.

Auswahl von sozialen Kompetenzen ohne Anspruch auf Vollständigkeit. Wählen Sie diejenigen aus (bzw. ergänzen Sie diejenigen), die Ihnen relevant erscheinen und die Sie mit konkreten Handlungsbeispielen aus Ihrem persönlichen und/oder beruflichen Werdegang untermauern können.

Tab. 3.9 In welchen sozialen Kompetenzen wollen Sie noch wachsen, sehen Sie Entwicklungs-potenzial?

Kompetenz	Beschreiben Sie diese Kompetenz in ein bis zwei Sätzen und wie Sie daran arbeiten.

3.1.5 Meine methodischen Kompetenzen

Auf welche Art und Weise und wie gut gehen Sie an Fragestellungen und Probleme heran? Auf diese Frage geben Ihre methodischen Kompetenzen die Antwort. Sie beschreiben, wie Sie Ihr Wissen aus den fachlichen Kompetenzen in der Praxis anwenden (Tab. 3.10–3.12).

3.1.6 Meine persönlichen Kompetenzen

Ihre persönlichen Kompetenzen (Tab. 3.13 und 3.14) bilden in Summe Ihren Charakter. Was für ein Mensch sind Sie? Welche persönlichen Stärken zeichnen Sie aus? Oder wo merken Sie, dass Sie an bestimmten Ihrer Wesenszüge noch arbeiten müssen?

3.1.7 Zusammenfassung Ihrer Kompetenzen

In Tab. 3.16 und 3.17 können Sie Ihre Kompetenzen noch einmal auf einen Blick zusammenfassen. So haben Sie eine schnelle Übersicht gewonnen.

Tab. 3.10 Pool an methodischen Kompetenzen

analysieren – organisieren – delegieren – managen – verwalten – sichten – erfassen – lesen – schreiben – sprechen – erstellen – präsentieren – formulieren – definieren – lösen – umsetzen – kritisieren – lernen – vermitteln – strukturieren – anwenden – entwerfen – evaluieren – kontrollieren – programmieren – leiten – führen – auswerten – darstellen – interpretieren – bewerten – zusammenfassen – entwickeln – gliedern – usw.

Tab. 3.11 Ihre methodischen Kompetenzen

Kompetenz	Beschreiben Sie diese Kompetenz in ein bis zwei Sätzen und nennen Sie dabei ein Beispiel, wie Sie diese Kompetenz bereits eingesetzt haben.

Tab. 3.12 An welchen methodischen Kompetenzen arbeiten Sie gerade, welche wollen Sie noch erwerben?

Kompetenz	Beschreiben Sie diese Kompetenz in ein bis zwei Sätzen und wie und warum Sie diese erwerben wollen.

3.2   Fremdbild: Was Andere dazu sagen können

Nach der Innenschau gilt es, das von Ihnen erarbeitete Selbstbild mit den Eindrücken Ihrer sozialen Umwelt abzustimmen. Gehen Sie auf Menschen zu, die Ihnen nahestehen und denen Sie mit Blick auf eine ehrliche Antwort vertrauen. Seien Sie offen für positives und negatives Feedback. Diese Personen können sein:

Tab. 3.13 Pool an persönlichen Kompetenzen

anpassungsfähig – ausdrucksstark – authentisch – begeisterungsfähig – belastbar – durchsetzungsstark – eigenverantwortlich – entschieden – extrovertiert – flexibel – glaubwürdig – initiativ – innovativ – introvertiert – intuitiv – konservativ – kontrolliert – kreativ – leistungsbereit – leistungsorientiert – lernfähig – lernwillig – liberal – loyal – motiviert – mutig - offen für Neues – organisiert – reflektiert – risikobereit – ruhig – selbstbewusst – selbstkritisch – sorgfältig – stressresistent – systematisch – tolerant – transferfähig – überlegt – veränderungsbereit – verantwortungsvoll – weltoffen – zielorientiert

Tab. 3.14 Ihre persönlichen Kompetenzen

Kompetenz	Beschreiben Sie diese Kompetenz in ein bis zwei Sätzen und nennen Sie dabei ein Beispiel, wie Sie diese Kompetenz bereits eingesetzt haben.

Tab. 3.15 Bei welchen persönlichen Kompetenzen sehen Sie noch Wachstumsbedarf?

Kompetenz	Beschreiben Sie diese Kompetenz in ein bis zwei Sätzen und wie Sie daran arbeiten

Tab. 3.16   Zusammenfassung Ihrer wichtigsten Kompetenzen

Meine fachlichen Kompetenzen:	Meine sozialen Kompetenzen:
Meine methodischen Kompetenzen:	Meine personalen Kompetenzen:

Tab. 3.17   Zusammenfassung Ihrer Entwicklungsfelder

fachliche Kompetenzen:	soziale Kompetenzen:
methodische Kompetenzen:	personale Kompetenzen:

- Verwandte
- Freundinnen und Bekannte
- Mentorinnen
- Führungskräfte
- Kolleginnen

Sprechen Sie mit diesen Personen über Ihr hier erstelltes Selbstbild und machen Sie sich Notizen dazu (Tab. 3.18).

Tab. 3.18 Gesprächsnotizen Fremdbild

Person:	Notizen zum Feedback der Person:

4

Inhaltsverzeichnis

Studieren heißt immer auch entdecken und ausprobieren. Deshalb sollten Sie nicht schon aus der Wahl des Studienfaches eine Wissenschaft machen, sondern versuchen, die eigenen Talente und Fähigkeiten mit den wesentlichen Anforderungen eines Studiengangs abzugleichen. Dabei geht es niemals um den perfekten Match, um das Abwägen aller sachlichen Für und Wider, sondern es geht hier vor allem um Ehrlichkeit zu sich selbst und ganz viel Bauchgefühl.

Auch wenn es ein Teil der Überlegungen ist, sollten Sie Ihr Studienfach niemals allein nach den Kriterien vermeintlicher Einstiegs- und Jobchancen auswählen. Denken Sie stets daran, dass Sie sich bei einem Studium über Jahre intensiv mit einem bestimmten Themenkreis auseinandersetzen müssen. Und jedes Studienfach hat seine thematischen Höhe- und Tiefpunkte. Wie schlimm muss es dann sein, sich drei oder mehr Jahre mit den Tiefen eines Fachs auseinanderzusetzen, für das Sie in keiner Weise „brennen"? Und selbst wenn Sie sich erfolgreich durch ein solches Studium „quälen" konnten, haben Sie sich damit zumindest für den Anfang auf ein Berufsfeld vorbereitet, das Ihnen ebenso wenig liegt.

Aber wenden wir uns hin zu positiven Dingen und versuchen anhand einiger einfacher positiver Kriterien die Suche nach einem passenden Studienfach einzugrenzen.

Die folgende Systematik (Tab. 4.1) ist ganz bewusst einfach gehalten. Es geht weniger darum, alle Wissenschaftsbereiche und Studienfächer in ihrer Tiefe zu erfassen, sondern es geht in erster Linie darum, sich einen Überblick zu verschaffen.

Ergänzende Information Die elektronische Version dieses Kapitels enthält Zusatzmaterial, auf das über folgenden Link zugegriffen werden kann https://doi.org/10.1007/978-3-658-41691-1_4.

S. Pflaum, *Kompass Digitale Bewerbung,* https://doi.org/10.1007/978-3-658-41691-1_4

Tab. 4.1   Zwei Tipps für alle Studienrichtungen

> (1) In fast allen Berufen werden solide IT-Kenntnisse und der geübte Umgang
> mit Zahlen und Daten immer wichtiger. Um dieser Nachfrage auf dem
> Arbeitsmarkt gerecht zu werden, müssen Sie nicht unbedingt Informatik,
> Statistik, Data Science oder Ähnliches studiert haben. Aber Sie können
> überlegen, eines dieser Fächer zu Ihrem Nebenfach zu machen oder neben
> Ihrem Studium Kurse in diesen Fächern (idealerweise mit Zertifikat) zu
> belegen. Eine der bekannten Programmiersprachen zu beherrschen, ist ein
> großer Vorteil in jedem CV.
>
> (2) Verbringen Sie mindestens ein Semester und/oder ein mindestens sechs-
> wöchiges Praktikum im Ausland. Nichts schärft Ihre sozialen und perso-
> nalen Kompetenzen so sehr, wie eine andere Sprache gut zu beherrschen
> und einmal längere Zeit in einem anderen kulturellen Umfeld verbracht
> zu haben. Für die Unternehmen sind diese Erfahrungen besonders interes-
> sant, weil es eigentlich kaum mehr Unternehmen gibt, die nicht auch in-
> ternational arbeiten. Weltoffene und -erfahrene Mitarbeiterinnen sind für
> Unternehmen ein wertvolles Gut.

Wirtschaftswissenschaften

- Unternehmerisches Denken
- Denken in (globalen) wirtschaftlichen Zusammenhängen
- Strategisches Denken
- Analytische Fähigkeiten
- Führungswissen
- Finanzkompetenz
- Problemlösungskompetenz
- Mathematisches Verständnis
- Umgang mit Kennzahlen
- Projektmanagement
- Datenanalyse
- Marktanalyse
- Rechtsgrundlagen
- Verhandlungsfähigkeiten
- Kritisches Denken
- …

Sozialwissenschaften

- Statistik / Datenanalyse
- Empirisches Arbeiten

- Problemlösungskompetenz
- Psychologie
- Wissenschaftliches Denken
- Präsentationsfähigkeit
- Textverständnis
- Interpretationsfähigkeit
- Interkulturelle Kompetenzen
- Verständnis für soziale Fragen
- Führung und Teamarbeit
- Wissen über soziale Gruppen und deren Funktion
- Konfliktmanagement
- Qualitative Methoden
- Personalentwicklung
- …

Psychologie

- Analytisches Denken
- Statistik und Datenanalyse
- Interpersonelle Kompetenzen
- Interkulturelle Kompetenzen
- Qualitative Methoden
- Personalentwicklung
- Führungsverständnis
- Teamarbeit
- Wirtschaftspsychologie
- Changemanagement
- Gesundheitskompetenz
- Beratungskompetenzen
- Empathie
- Lernmethoden
- Trainings- und Coachingmethoden
- …

Pädagogik

- Kommunikationsfähigkeit
- Coaching- und Trainingsmethoden
- Konfliktlösungskompetenz

- Changemanagement
- Interkulturelle Kompetenzen
- Kritisches Denken
- Projektmanagement
- Klientenorientierung/Kundenorientierung
- Empathie
- Beratungskompetenz
- Empathie
- Quantitative und/oder qualitative Methoden
- Innovationsfähigkeit
- Flexibilität
- Arbeiten mit Menschen
- …

Geisteswissenschaften

- Kritisches Denken
- Analytisches Denken
- Textverständnis
- Reflektiertes Denken
- Flexibilität
- Problemlösungskompetenz
- Durchdringung komplexer Zusammenhänge
- Klientenorientierung/Kundenorientierung
- Kommunikationsfähigkeit
- Beratungskompetenz
- Empathie
- Kreativität
- Innovationsfähigkeit
- Flexibilität
- Arbeiten mit Menschen
- …

Rechtswissenschaften

- Recht interpretieren
- Rechtliche Texte schreiben
- Analytische Kompetenzen

- Textverständnis
- Genauigkeit
- Verhandlungsgeschick
- Kommunikationsfähigkeit
- Lösungsorientierung
- Durchsetzungsvermögen
- Projektmanagement
- Präsentationsfähigkeit
- Beratungskompetenz
- Verständnis für wirtschaftliche Zusammenhänge
- Interpretationsfähigkeit
- Logisches Denken
- …

MINT-Fächer

- Technisches Grundverständnis
- Mathematik und Logik
- Datenanalyse und Statistik
- Lösungsorientierung
- Innovation
- Kreativität
- Projektmanagement
- Programmierkenntnisse
- Beratungskompetenz
- Logisches Denken
- Flexibilität
- Kritisches Denken
- Durchdringung komplexer Zusammenhänge
- Wissenschaftliches Denken
- Genauigkeit
- …

Medizin

- Naturwissenschaftliches Grundverständnis
- Genauigkeit
- Durchdringung komplexer Zusammenhänge

- Innovation
- Kreativität
- Empathie
- Wissenschaftliches Denken
- Flexibilität
- Kommunikationsfähigkeit
- Teamfähigkeit
- Beratungskompetenz
- Logisches Denken
- Flexibilität
- Kritisches Denken
- Organisationsfähigkeit
- …

4.1   Resümee

Haben Sie die Listen aufmerksam durchgelesen, so werden Sie bemerken, dass es fächerübergreifend viele Parallelen gibt und/oder der eine oder andere Punkt problemlos auf einen anderen Wissenschaftsbereich übertragbar ist. Ganz egal, was Sie studieren, Sie bringen viele der oben genannten Kompetenzen aus Ihrem Studium mit und können diese in Ihrem Anschreiben, im CV und/oder im Bewerbungsgespräch selbstbewusst präsentieren.

In Tab. 4.1 können Sie die fünf Kompetenzen aus Ihrem Studium eintragen, die Ihnen besonders wichtig sind. Beschreiben Sie in ein bis zwei Sätzen, wo Sie diese Kompetenzen bereits angewendet haben oder wo Sie glauben, diese anwenden zu können.

Tab. 4.2 Kompetenzen, die Sie in Ihrem Studium erwarben.

Kompetenz:	Konkretisierung, Nennen Sie ein Beispiel:

(Fortsetzung)

Tab. 4.2 (Fortsetzung)

Das Nebenfach: keine Nebensache! 5

In vielen Studiengängen ist ein Nebenfach auszuwählen. Hier sollten Sie gründlich überlegen, in welche Richtung Sie Ihr Profil erweitern oder schärfen wollen. Wenn Sie ein geistes- oder sozialwissenschaftliches Fach studieren, kann es sinnvoll sein, ein wirtschafts- oder MINT-nahes Nebenfach zu wählen (Tab. 5.1).

Gleiches gilt umgekehrt. Auch als Studentin eines sog. wirtschafts- oder IT-nahen Faches kann es sich lohnen, in andere Fachbereiche hineinzuschnuppern.

Zudem gibt es immer mehr Bindestrichstudiengänge wie z. B. Wirtschaftsinformatik, Wirtschaftspsychologie oder Sozioökonomie, die zwei Fachbereiche sinnvoll miteinander verbinden.

Ergänzende Information Die elektronische Version dieses Kapitels enthält Zusatzmaterial, auf das über folgenden Link zugegriffen werden kann https://doi.org/10.1007/978-3-658-41691-1_5.

Tab. 5.1 Ihre Nebenfächer

Welche Nebenfächer haben Sie warum gewählt? (Antwort in ein bis zwei Sätzen)

Hilfreiche Ressourcen, die sich auch im CV gut machen

Inhaltsverzeichnis

Rund um Ihre Hochschule und Ihr Studium stehen Ihnen eine ganze Reihe von Unterstützungsangeboten zur Verfügung. Diese in voller Breite und Tiefe abzuhandeln, würde den Rahmen dieses Buches sprengen. Dieses Kapitel wird Ihnen aber dabei helfen, nach den richtigen Stichworten zu suchen und nach den passenden Institutionen Ausschau zu halten.

6.1   Stipendien

Wer einen Überblick über Stipendien sucht, wird hier fündig: www.stipendienlotse.de. Zudem bieten die meisten Hochschulen eine persönliche Beratung zu diesem Thema an und helfen beim Antrag. Wichtig ist, dass Stipendien eben nicht nur für Studentinnen mit besten Noten und Eliteambitionen angeboten werden. Es gibt eine Vielzahl von Programmen, die einer breiten Schicht von Studentinnen offenstehen.

6.2   Career Service

Fast alle Hochschulen haben einen zentralen Career Service. Informieren Sie sich zeit-nah über dessen Angebote. Zu diesen zählen:

- Jobbörsen mit Anzeigen von Unternehmen und Organisationen, die explizit Interesse an Absolventinnen Ihrer Hochschule haben,
- persönliche Kontakte zu vielen Unternehmen, die mit Ihrer Hochschule kooperieren,
- CV-Checks und Beratung bei der Suche nach geeigneten Praktika und Jobs,
- fachliche Kurse und Trainings, die inhaltlich über Ihr Studienfach hinausgehen (z. B. BWL für Nicht-Wirtschaftswissenschaftlerinnen),
- Trainings rund um soziale und personale Kompetenzen,
- Mentoringprogramme,
- Career Events mit zu Ihrem Studium passenden Unternehmen,
- Karrierecoaching und -beratung,
- Bewerbungscoaching und -beratung,
- Bewerbungstrainings,
- Angebote für internationale Studierende
- …

6.3   Career Events/Messen

Halten Sie von Beginn Ihres Studiums an die Augen nach Karriereveranstaltungen Ihrer Hochschule offen. Ein Besuch kann sich schon ab dem ersten Semester lohnen. Denn es gibt nichts besseres, als sich bei einer Bewerbung auf ein Praktikum oder einen Job auf einen namentlichen persönlichen Kontakt zu beziehen, den Sie auf einem Career Event gewonnen haben (Tab. 6.1).

Tab. 6.1 Vorteile der Teilnahme an einem Career Event auf einen Blick

- Sie stellen einen ersten persönlichen Kontakt zu Unternehmen her.
- Sie lernen mögliche und neue Karrierepfade kennen, …
- … auch bei Unternehmen, die Sie bisher nicht kannten.
- Möglicherweise finden Sie direkt eine Stelle, ein Praktikum oder eine Werkstudentinnenstelle.
- Sie können Unternehmensvertreterinnen ganz zwanglos fragen, was in einem Bewerbungsgespräch nicht immer möglich ist.
- Sie finden heraus, worauf die Unternehmen bei einer Bewerbung besonderen Wert legen.
- Sie lernen von den Referentinnen aus der Unternehmenspraxis.
- Sie können sich bei Ihrer nächsten Bewerbung auf das Event und die Personen, die Sie dort kennengelernt haben, beziehen.

Die Veranstaltungen an Ihrer Hochschule selbst sind den großen Career Events dritter Anbieter vorzuziehen. Zum einen können Sie davon ausgehen, dass die teilnehmenden Unternehmen ein besonderes Interesse an Studentinnen und Absolventinnen Ihrer Hochschule haben. Zum anderen sind die Teilnehmerinnenzahlen deutlich niedriger und Sie haben deutlich bessere Chancen, mit einer oder mehreren Unternehmensvertreterinnen in Kontakt zu kommen.

Veranstalter dieser Events ist in der Regel der Career Service Ihrer Hochschule (Tab. 6.2).

Hinweis in eigener Sache: Ich selbst veranstalte ca. 130 solche Career Events im Jahr. Wenn Sie sich für ein solches Event anmelden, gehört es zum guten Ton, sich ggf. rechtzeitig und schriftlich abzumelden, wenn Sie am Tag des Events verhindert oder krank sind. Denken Sie daran, dass für eine bestimmte Personenzahl Essen und Getränke

Tab. 6.2 Checkliste Vorbereitung auf ein Career Event

Vorbereitung:
- Informieren Sie sich vorab über die für Sie interessanten Unternehmen und Branchen. Das ist die Basis für einen guten Small Talk und einen positiven Eindruck bei Ihrer Gesprächspartnerin.
- Halten Sie sich an den Dresscode, idealerweise Smart Casual (z. B. Hemd, Bluse, Stoffhose, elegante Jeans, Lederschuhe, klassische Farben …).
- Üben Sie, sich in wenigen Sätzen, max. zwei Minuten mit Ihren Fähigkeiten und Erfahrungen vorzustellen (Elevator Pitch).
- Bringen Sie Fragen mit, z. B.:
– Wie sieht ein typischer Arbeitstag/-woche aus?
– Welchen Anteil nehmen Dienstreisen ein?
– Wie viele Stellen schreiben Sie aus und wie viele Bewerbungen erwarten Sie darauf?
– Welche Karrierepfade bieten Sie Berufseinsteigerinnen?
– Welche internen/externen Weiterbildungsmöglichkeiten hätte ich?
– Wie empfinden Sie persönlich die Work-Life-Balance?
– Wie haben Sie Ihre Karriere begonnen?
– Wie bereite ich mich am besten auf eine Bewerbung bei Ihnen vor?
– Eigene Frage:
– Eigene Frage:
– Eigene Frage:

Während des Events:
- Haben Sie keine Hemmungen, auf Unternehmensvertreterinnen zuzugehen. Diese sind nur wegen Ihnen gekommen!
- Sprechen Sie mit so vielen Personen wie möglich, natürlich auch mit Ihren Kommilitoninnen.
- Stellen Sie offene Fragen und hören Sie aktiv zu (z. B. durch Nachfragen).
- Fragen Sie nach Kontaktdetails (z. B. Visitenkarten), um sich ggf. bei einer späteren Bewerbung auf den Kontakt zu beziehen.

Nach dem Event:
- Beziehen Sie sich bei der nächsten Bewerbung auf das Event.
- Fügen Sie die Personen, mit denen Sie gesprochen haben, z. B. auf LinkedIn und XING, zu Ihren Kontakten hinzu.

bestellt sind, die bei kurzfristigen Absagen im Müll landen. Zudem sind Sie namentlich bei den entsprechenden Unternehmen angemeldet und ein unentschuldigtes Fernbleiben macht einen nachhaltig schlechten Eindruck.

6.4   Career Mentoring

Ist mein Traumjob wirklich ein Traumjob? Wie schaffe ich den Übergang vom Studium zum Beruf? Wie punkte ich bei der Bewerbung? Welche Schlüsselqualifikationen sollte ich mir zusätzlich aneignen?

Was gibt es Besseres, als ganz offen eine vertraute Person zu fragen, die seit Jahren da arbeitet, wo man später selbst hinwill? Genau diese Möglichkeit bieten Mentoringprogramme, die es an immer mehr Hochschulen gibt. Zum Teil treffen Sie dort auf Alumni Ihrer Hochschule, die sich ihrer Alma Mater verpflichtet fühlen und sich daher sehr gerne für den akademischen Nachwuchs engagieren.

Mentees und Mentorinnen berichten gleichermaßen, dass ihnen das Mentoring Spaß macht und sie beruflich und persönlich weiterbringt. Dass sich viele ehemalige Mentees einige Jahre später selbst als Mentorin engagieren, spricht dabei für sich. Die Mentoringbeziehung ist eine der besten Gelegenheiten, die eigenen beruflichen und persönlichen Pläne mit einer erfahrenen Person zu reflektieren. Oft ist die Mentorin auch die direkte Lotsin zum ersten Job (Tab. 6.3).

Der Aufbau einer erfolgreichen Mentoringbeziehung ist nicht schwer (Tab. 6.4):

Tab. 6.3 Vorteile von Mentoring auf einen Blick

Teilnehmerinnen von Mentoringprogrammen berichten i.d.R über folgenden Nutzen vom Mentoring:
- Weiterentwicklung der eigenen Persönlichkeit
- Hilfreiches Feedback zu Stärken und Schwächen
- Mehr Selbstbewusstsein
- Geleitete Selbstreflexion
- Besseres Selbstmanagement, z.B. im Studium
- Bestärkung in den eigenen Plänen
- Motivation in schwierigen Phasen
- Neue Ideen
- Erweiterung des eigenen Karrierenetzwerkes
- Neue Karriereperspektiven
- Hilfe beim Berufseinstieg
- Check und Optimierung der Bewerbungsunterlagen
- Vermittlung von Praktika / Jobs

Tab. 6.4   Drei Regeln für erfolgreiches Mentoring

1.	Gehen Sie aktiv und regelmäßig auf Ihre Mentorin zu. Zwei Treffen pro Semester sind empfehlenswert. In der Zwischenzeit halten Sie per Email oder Telefon Kontakt.
2.	Bereiten Sie sich auf Ihre Treffen mit der Mentorin vor. Reflektieren Sie das letzte Treffen und überlegen Sie sich Themen und Fragen für das anstehende Treffen. Machen Sie sich Notizen zum Mentoring.
3.	Die meisten Mentoringbeziehungen dauern 12 bis 18 Monate und gehen danach in eine gute Bekanntschaft oder Freundschaft über. Viele Mentees halten ein Leben lang Kontakt mit Ihrem Mentor.

6.5   Peer to Peer Mentoring

Für Studienanfängerinnen bieten einige Hochschulen auch Peer to Peer Mentoring an. Das bedeutet, dass sich eine Studentin im höheren Semester um die Erst- und Zweitsemester als Mentorin kümmert. Sie kommen so schneller und besser in der Hochschulumgebung zurecht, finden die richtigen Vorlesungen und Räume und erhalten mit Sicherheit den einen oder anderen wertvollen Insidertipp.

Auch lohnt es sich für Sie selbst später einmal, die Rolle einer Peermentorin zu übernehmen. Dieses Ehrenamt macht sich gut in Ihrem CV, und Sie sammeln als Mentorin erste Beratungs- und Führungserfahrung.

6.6   Persönliche Beratungsangebote

Darüber hinaus finden Sie an fast allen Hochschulen weitere: persönliche Beratungsangebote (Tab. 6.5)

Tab. 6.5 Übersicht über Beratungsangebote an Hochschulen

Career Service	• Siehe Abschn. 5.2.4
Allgemeine Studien-beratung	• Allgemeine Fragen zu Studiengängen • Erforderliche Fremdsprachenkenntnisse • Fächerangebote und Fächerkombinationen • Hilfe bei der Auswahl des Studiengangs • Hinweise zu weiteren Hochschulzugangsberechtigungen • Organisation des Studiums und andere Organisationsfragen • Prüfungsangelegenheiten • Studienabbruch • Studiengangwechsel • Unterbrechung des Studiums • Zulassungsvoraussetzungen
Fachbezogene Studienberatung	• Fragen rund um ein bestimmtes Studienfach • Meist an den Fakultäten angesiedelt
Prüfungsamt	• Fragen rund um die Zulassung, Durchführung und die Ergebnisse von Zwischen- und Abschlussprüfungen
Interkulturelle Beratung und Diversity	• Angebote für internationale Studierende • Umgang mit deutschen Behörden, mit anderen Studierenden, mit Dozenten • Unterstützung bei Seminararbeiten oder bei der Prüfungsvorbereitung • Angebote gegen und Hilfe bei Diskriminierung jeglicher Art
Beratung Auslands-studium/-praktika	• Beratung rund um das Auslandssemester und/oder ein Auslands-praktikum • Fördermöglichkeiten und Jobangebote im Ausland
Beratung für Stipendien	• Unterstützung mit Blick auf das Finden und Beantragen von passenden Stipendien
Studieren mit Kind	• Beratung für studierende Eltern • Konkrete Angebote wie z. B. Kindergarten oder andere Betreuungsein-richtungen
Psychosoziale Beratung	• Beratung in Krisenfällen • Suchtprobleme • Persönliche Problemen
Studieren mit Behinderung	• Allgemeine Informationen über das Studieren mit Behinderung • Beratung für konkrete Hilfsangebote
Beratung für angehende Studierende/ Schülerinnen	• Zentrale Infoveranstaltungen für Schüler und andere Studieninteressierte • Entsprechende Veranstaltungen an den einzelnen Fakultäten

Arbeiten und Lernen über den Tellerrand hinaus

Inhaltsverzeichnis

In diesem Kapitel finden Sie einige Rahmeninformationen rund um das Thema Arbeiten neben dem Studium. Die Darstellung hat keinen Anspruch auf Vollständigkeit, sondern ist lediglich ein Einstieg ins Thema, ob und welche Form des studentischen Arbeitens für Sie Sinn machen kann.

7.1   Praktika

Bei den Praktika lassen sich die Pflichtpraktika von den freiwilligen Praktika unterscheiden. Ein oder mehrere Pflichtpraktika sind obligatorischer Bestandteil Ihres Studiums und müssen absolviert werden. Die meisten Studiengänge an den Hoch-

---

Ergänzende Information Die elektronische Version dieses Kapitels enthält Zusatzmaterial, auf das über folgenden Link zugegriffen werden kann https://doi.org/10.1007/978-3-658-41691-1_7.

schulen für angewandte Wissenschaften sehen bis zu einem Semester als Praxissemester verpflichtend vor. Aber auch an den Universitäten spielen Pflichtpraktika, z. B. in den pädagogischen, juristischen, medizinischen oder psychologischen Studiengängen, eine Rolle.

Ein Praktikum soll Ihnen den Einblick in eines oder mehrere mögliche spätere Berufsfelder bieten. Idealerweise können Sie einen Teil Ihrer an der Hochschule erworbenen Kenntnisse in die Praxis umsetzen. Zudem hilft Ihnen ein Praktikum auch zu erkennen, ob ein bestimmter Beruf zu Ihnen passt oder nicht.

Auch im CV spielen Praktika eine wichtige Rolle. Personaler schauen sehr genau darauf, welche praktischen Erfahrungen Sie während Ihres Studiums oder zwischen dem Bachelor und Master gesammelt haben. Zwar können Sie auch nach dem Master noch Praktika absolvieren. Meine Empfehlung allerdings ist, frühzeitig etwa ab dem dritten Semester im Bachelor nach Praktika Ausschau zu halten.

Praktika dauern meist zwischen zwei und sechs Monaten. Sie können Praktika in den Semesterferien, in Teilzeit neben dem Studium oder während einer Unterbrechung Ihres Studiums absolvieren. Während des Semesters darf Ihr Praktikum durchschnittlich nicht mehr als 20 h pro Woche umfassen. Andernfalls steht das Studium nicht mehr im Mittelpunkt und Ihnen droht die Aberkennung des Studentinnenstatus. In den Semesterferien können Sie mehr als 20 h arbeiten.

Auch mit Blick auf Praktika, insbesondere wenn diese länger als drei Monate dauern, gelten die gesetzlichen Bestimmungen zum Mindestlohn. Siehe auch: https://www.arbeitsagenturArbeitsagentur.de/bildung/zwischenzeit/praktikum-machen.

Zu beachten sind auch die Bestimmungen zur Sozialversicherung. Pflichtpraktika sind als Teil des Studiums von der Sozialversicherung befreit. Ist Ihr Praktikum vergütet, nehmen Sie unbedingt Kontakt mit Ihrer Krankenkasse auf, ob und wie sich das Praktikum auf Ihren Versicherungsstatus (familien-/oder selbst versichert) auswirkt.

Die Vergütung freiwilliger Praktika ist einkommensteuer- und sozialversicherungspflichtig. Informieren Sie sich auch hier bei Ihrer Krankenkasse, insbesondere wenn die Vergütung die Grenzen einer geringfügigen Beschäftigung übersteigt (Tab. 7.1).

Zudem wird eine Vergütung aus Praktika auf Ihre BAföG-Zahlungen angerechnet.

Oft fragen mich Studierende, wie viele Praktika man für einen guten Lebenslauf absolvieren muss. Auf diese Frage gibt es keine exakte Antwort. Viel wichtiger als die Anzahl ist die Frage, welche Praktika Sie und warum Sie diese gemacht haben. Hier fragen Personaler gerne nach und Ihre Antwort sollte stimmig sein.

Eine von vielen schönen Kombinationsmöglichkeiten ist es, von drei Praktika eines im Ausland und eines in einem Ihrem Studium nicht ganz so nahen Bereich gemacht zu haben. Letzten Endes aber sollte die Wahl Ihrer Praktika zu Ihren persönlichen Plänen passen (Tab. 7.2 und 7.3).

Tab. 7.1 Checkliste für Rückfragen bei der Kranken- / Sozialversicherung

☐	Ist es ein Pflichtpraktikum oder ein freiwilliges Praktikum?
☐	Wie lange dauert das Praktikum?
☐	Durchschnittliche Wochenarbeitszeit während des Semesters
☐	Durchschnittliche Wochenarbeitszeit in den Semesterferien
☐	Ist die Vergütung innerhalb der Grenzen kurzfristiger / geringfügiger Beschäftigung?
☐	Sind Sie familien- oder einzelversichert?
☐	Beziehen Sie neben dem Praktikum andere Sozialleistungen wie BAföG oder Wohngeld?

7.2 Auslandspraktikum

Ein Auslandspraktikum ist eine mehr als sinnvolle Ergänzung Ihres Studiums. Ist in Ihrem Studiengang ein Pflichtpraktikum vorgesehen, so können Sie sich bei Ihrer Fachstudienberatung erkundigen, ob Sie dieses ggf. im Ausland absolvieren können. So haben Sie zwei Fliegen mit einer Klappe geschlagen.

Viele Studierende machen Ihr Auslandspraktikum im Sommersemester. Damit dieses z. B. von Erasmus gefördert werden kann, muss es mindestens sechs Wochen dauern. Überschneidet sich das mit dem Semesterbeginn, so können Sie versuchen, in Abstimmung mit Ihren Dozentinnen, ein bis zwei Wochen später ins Semester einzusteigen.

Tab. 7.2 Notizen zu Ihren Praktikumsplänen

	Praktikum	Grober Zeitplan:
☐	fachnah:	
☐	fachfremd:	
☐	Auslandspraktikum:	

Tab. 7.3 Checkliste Vorbereitung eines Praktikums

☐	Bewerbungsunterlagen aktuell
☐	ggf. Urlaubssemester beantragen
☐	Klärung offener Fragen mit der Krankenkasse
☐	Klärung offener Fragen mit anderen Behörden

Je nachdem, ob Sie der spontane oder durchgeplante Personentyp sind, können Sie ein Auslandspraktikum relativ spontan planen und angehen. Ich kenne Studentinnen, die die Vorbereitung in wenigen Wochen geschafft haben. Auf der sicheren Seite sind Sie, wenn Sie ca. ein halbes Jahr vorher beginnen zu planen (Tab. 7.4).

Auf der Suche nach einem geeigneten Arbeitsplatz empfehle ich Ihnen, keine Zeit und kein Geld mit Vermittlungsagenturen zu verschwenden. Machen Sie sich selbst auf die Suche.

Tab. 7.4 Suche nach einem Auslandspraktikum

☐	Welches Land reizt Sie besonders?
☐	In welcher Branche bzw. in welchem Berufsfeld möchten Sie ein Praktikum machen?
☐	Welche Unternehmen im Ausland interessieren Sie?

Am besten recherchieren Sie hier selbst. Viele Unternehmen haben Stellen für ausländische Studierende ausgeschrieben. Und auch eine Initiativbewerbung bei Ihrem Wunschunternehmen lohnt sich auf jeden Fall. Denn in der Regel rennen Sie hier offene Türen ein und Unternehmen freuen sich auf solche Bewerbungen aus dem Ausland.

Die Checkliste (Tab. 7.5) hilft Ihnen bei der weiteren Vorbereitung:

Informieren Sie sich beim Career Service und/oder International Office und/oder dem Stipendienreferat, welche finanziellen Fördermöglichkeiten es neben z. B. Erasmus oder den Stipendien des DAAD gibt.

7.3 Nebenjob

Ein Nebenjob hilft vielen Studierenden nicht nur dabei, ihr Studium zu finanzieren. Er ist auch eine gute Gelegenheit, wichtige praktische Erfahrungen zu sammeln, und kann so auch als Alternative zum Praktikum verstanden werden. Ob ein Studentenjob relevant für die spätere Karriere ist oder nicht, hängt von der Art des Jobs ab.

Zunächst einmal gilt für alle Jobs neben dem Studium, dass Sie damit zeigen, dass Sie bereits während Ihrer Ausbildung Verantwortung für Ihr Einkommen übernehmen und es organisatorisch schaffen, zwei inhaltlich anspruchsvolle Dinge unter einen Hut zu bekommen, auch zeitlich.

Allerdings punkten Sie im CV mehr mit einem Job, der einen direkten oder indirekten Bezug zu Ihren späteren beruflichen Plänen hat. Dieser Bezug fehlt z. B. bei vielen

Tab. 7.5 Checkliste Auslandspraktikum

☐	Praktikum im Wunschland suchen (6-8 Monate vor Praktikumsbeginn)
☐	Bewerbung
☐	Zusage
☐	Praktikumsvertrag (wichtig!)
☐	Visum/Arbeitserlaubnis
☐	Bei Interesse: Bewerbung für Stipendium (sobald Zusage/Praktikumsvertrag vorliegt)
☐	Gültiger Reisepass
☐	Kranken-, Haftpflicht-, Unfallversicherung
☐	Impfungen
☐	Unterkunft
☐	Untermieter für die Wohnung/das Zimmer zuhause
☐	Flug-, Bus- oder Bahnticket
☐	Internationalen Studierendenausweis beantragen
☐	Sprachkenntnisse auffrischen
☐	Interkulturelle Vorbereitung
☐	Information über das Zielland und den Zielort
☐	Melden beim Bürgerbüro im Ausland
☐	Lohnsteuerkarte beantragen (falls gewünscht)

(Fortsetzung)

Tab. 7.5 (Fortsetzung)

☐	Bankkonto im Ausland eröffnen
☐	Handy: Vertrag oder Pre-Paid Card
☐	Fahrkarte für öffentliche Verkehrsmittel
☐	Praktikumszeugnis (wichtig!)
☐	Praktikumsbericht

Gastrojobs. Dies gilt generell für eher einfache Aushilfstätigkeiten, es sei denn, Sie wollen später einmal ins Eventmanagement oder einen anderen Beruf mit Bezügen zur Gastronomie.

Ob ein Job für Sie und Ihre Karriereplanung Sinn macht, müssen letzten Endes Sie selbst entscheiden. Einige Beispiele für meines Erachtens zielführende Nebenjobs aus meiner Beratungserfahrung:

- Mitarbeit im Servicecenter einer Bank, einer Versicherung oder eines anderen Dienstleisters mit Kundenkontakt,
- Nebenjob in einer Kanzlei oder in einem Büro, bei dem man viel über Abläufe in einem Büroumfeld lernen kann,
- Unterstützung in einer politischen und/oder gemeinnützigen Organisation
- …

Überlegen Sie, welche Kompetenzen Sie in Ihrem Nebenjob erwerben oder optimieren können, die Ihnen für Ihre spätere Karriere nutzen (Tab. 7.6).

Lesen Sie im folgenden Kapitel weiter.

7.4 Werkstudentin

Viele dieser eher anspruchsvollen Tätigkeiten werden heutzutage als Werkstudentenjob bezeichnet. Sie sollten bei der Suche eher nach diesem Begriff Ausschau halten. Die Unternehmen wollen damit Ausdruck bringen, dass es sich um Tätigkeiten handelt, die nicht nur eine Verdienstmöglichkeit bieten, sondern die auch einen Bezug zu Ihrem Studium und/oder Ihren späteren Tätigkeiten haben.

Anders als das Praktikum sind Werkstudentenstellen oft besser bezahlt, aber zeitintensiver und häufig auf eine längere Beschäftigungsdauer ausgelegt.

Tab. 7.6 Welche Kompetenzen sind mit meinem Nebenjob verbunden?

Fachkompe-tenzen:	
Soziale Kom-petenzen:	
Methodische Kompetenzen:	
Personale Kompetenzen:	

Tab. 7.7 Checkliste Nebenjobs/Tätigkeiten als Werkstudentin

☐	Während des Semesters können Sie durchschnittlich bis zu 20 Stunden pro Woche für ein Unternehmen neben dem Studium arbeiten.
☐	Während der Semesterferien können Sie mehr 20 Wochenstunden arbeiten.
☐	Verdienen Sie bis zu EUR 450, so handelt es sich um einen Mini-Job. Sie sind von der Sozialversicherung befreit. Sie müssen aber krankenversichert sein.
☐	Verdienen Sie bis zu EUR 850, so handelt es sich um einen Midi-Job. Sie sind sozialversichert, profitieren aber von günstigen Beitragssätzen. Nach 12 Monaten haben Sie Anspruch auf Arbeitslosengeld.

Für die Nebenjobs und die Tätigkeit als Werkstudent sind ähnliche Rahmenbedingungen zu beachten wie beim Praktikum (Tab. 7.7):

7.5 Freiberufliche Tätigkeit

Bei einer freiberuflichen Tätigkeit entfällt die Frage nach der Sozialversicherung. Wiederum gilt aber, dass Sie als Studentin krankenversichert sein müssen. Auch der Umfang Ihrer freiberuflichen Tätigkeit darf während des Semesters im Durchschnitt nicht 20 h pro Woche überschreiten. Während der vorlesungsfreien Zeit können Sie mehr arbeiten. Sie benötigen keinen Gewerbeschein, müssen Ihre Tätigkeit aber dem Finanzamt melden. Ein Beispiel für eine freiberufliche Tätigkeit wäre das Geben von Nachhilfestunden. Weiteren Aufschluss über die Definition freiberuflicher Tätigkeit gibt § 18 EStG.

7.6 Duales Studium

Bei einem dualen Studium absolvieren Sie in der Regel zugleich eine klassische duale Ausbildung in einem Ausbildungsberuf in Verbindung mit einem Bachelorstudium an einer Hochschule (für angewandte Wissenschaften). Mit Blick auf die Studienfinanzierung haben Sie den großen Vorteil, dass Sie bereits während der Ausbildung ein Gehalt beziehen. Sie studieren sehr praxisnah und die Chancen einer direkten Übernahme in ein solides Arbeitsverhältnis sind sehr gut. Zu beachten ist allerdings die höhere Auslastung durch Studium, Ausbildung und Arbeit. Auch ist das Studium sehr auf einen bestimmten Fachbereich fokussiert und der Wechsel an eine andere Hochschule oder in ein anderes Fach ist nur schwer möglich.

7.7 Als Freund zu Gast in der Welt: Auslandssemester

Im Abschn. 3.4.2 finden Sie schon einige wichtige Hinweise sowie eine Checkliste für Ihren Auslandsaufenthalt. Bei einem Auslandssemester verbringen Sie ein ganzes Semester bzw. etwa ein halbes Jahr in einem anderen Land. Diese Erfahrung wird Sie in positiver Weise prägen. Vielen Unternehmen ist es wichtig, dass Bewerberinnen zumindest einmal eine längere Zeit im Ausland verbracht haben und so in eine andere Kultur eingetaucht sind. Die Checkliste (Tab. 7.8) soll Ihnen bei Ihren Überlegungen zum Auslandssemester helfen:

7.8 Zusatzqualifikationen: Nach links und rechts schauen

Arbeitgeberinnen achten stark darauf, was Sie neben Ihrem Studium gemacht haben. Welche Ehrenämter haben Sie ausgeübt? Welche Nebenjobs, Praktika, Auslandsaufenthalte und/oder Stellen für Werkstudentinnen haben Sie absolviert? Für die meisten

Tab. 7.8 Checkliste für Ihr Semester im Ausland

☐	Informieren Sie sich an Ihrer Hochschule/ Ihrer Fakultät über Partnerhochschulen im Ausland. Welche Länder/Hochschulen kommen in Frage?
☐	Informieren Sie sich über Fördermöglichkeiten wie ERASMUS oder DAAD. Welche kommen in Frage?
☐	Beachten Sie bei Ihren Vorbereitungen die Bewerbungsfristen
☐	In welchem Semester macht der Auslandsaufenthalt für Sie Sinn? (Viele Bachelor-Studierende machen diesen ab dem 4./5. Semester.
☐	Verfügen Sie über ausreichende ggf. nachzuweisende Sprachkenntnisse (z.B. TOEFL, IELTS, DAAD)
☐	Informieren Sie sich über die Lehrveranstaltungen an Ihrer Wunschuniversität.

(Fortsetzung)

Tab. 7.8   (Fortsetzung)

☐	Besprechen Sie die Möglichkeiten der Anerkennung der gewünschten Kurse mit Ihrem Studiengangskoordinator/Erasmus-Koordinator.
☐	Dokumentieren Sie (Transcript of Records) Ihre im Ausland erbrachten Studienleistungen.

Personalerinnen sind diese Punkte viel wichtiger als die Eins vor dem Komma bei der Abschlussnote. In diesem Kapitel finden Sie eine Checkliste (Tab. 7.9) mit Vorschlägen für sinnvolle Zusatzqualifikationen. Örtlich, zeitlich und auch preislich am besten zugeschnitten auf die Bedürfnisse von Studentinnen sind die Kurse, die an Ihrer Universität angeboten werden. Oft bietet der Career Service der Hochschule solche Seminare an. Eine Alternative ist es, offene Veranstaltungen an anderen Fakultäten zu einem für Sie interessanten Thema zu besuchen.

7.9   Programmiersprache und Datenanalyse sind Schlüsselkompetenzen

Unabhängig von Ihrem Studienfach sollten Sie sich über Ihr Studium hinaus unbedingt mit den Themen IT und Datenanalyse beschäftigen. Das heißt nicht, dass Sie zur Hackerin und/oder Statistik- und Mathegenie werden müssen.

Mit Blick auf eine Programmiersprache sollten Sie die Grundzüge und die Logik einer solchen Sprache verstehen, sodass Sie sich mit IT-Expertinnen austauschen können und IT-Probleme nachvollziehen können.

Codecademy, Udemy und Coursera sind beliebte Plattformen zum E-Learning einer Programmiersprache.

Bei der Datenanalyse sollten Sie trainieren, Daten grafisch darzustellen, grafische Darstellungen zu verstehen und zu erklären. Gute Kenntnisse in Excel und/oder einer anderen Tabellenkalkulation und/oder einem anderen Tool zur Visualisierung von Daten sind für jeden Job wertvoll.

Tab. 7.9 Checkliste Zusatzqualifikationen

	Zusatzkurs	geplant wann?
☐	Business English	
☐	English Conversation	
☐	Fachspezifischer Fremdsprachenkurs in:	
☐	Eine neue Fremdsprache lernen:	
☐	Grundlagen der Betriebswirtschaftslehre	
☐	Projektmanagement	
☐	Excel / Tabellenkalkulation	
☐	Programmieren mit Visual Basic	
☐	Programmiersprache lernen:	
☐	Office Software – Grundkenntnisse erweitern	
☐	Bewerbungstraining	
☐	Business Case Übungen / Fallstudien	
☐	Marketing / Vertrieb	
☐	10 Finger Schreiben	
☐	Personalmanagement	
☐	Arbeitsrecht	
☐	Personalentwicklung	
☐	Präsentationstechniken	

(Fortsetzung)

Tab. 7.9 (Fortsetzung)

☐	Rhetorik	
☐	Konfliktmanagement	
☐	Selbstmanagement	
☐	Verhandeln (nach Harvard)	
☐	Stressresistenz und Resilienz	
☐	Grafikbearbeitung	
☐	Richtig Lernen	
☐	Wissenschaftliches Recherchieren, Schreiben, Publizieren	
☐	Interkulturelle Kompetenzen	
☐	Statistik / Data Science	
☐	Wirtschaftsinformatik	
☐	Eigene Ideen:	
☐	Eigene Ideen:	
☐	Eigene Ideen:	

7.10 Seminare: Online oder besser in Präsenz?

Während der Coronapandemie fanden mit einem Mal fast alle Seminare „nur noch" online statt. Das Gute im Schlechten: Durch den häufigen Umgang mit Zoom, Teams und Co. haben wir unsere Fähigkeiten im Gebrauch dieser technischen Hilfsmittel quasi perfektioniert. Zudem erhielten die genannten Features zahlreiche neue Funktionen und Features: digitale Whiteboards, Breakout-Sessions, Online-Shared Documents, Group Brainstorming Tools, Surveys, Word-Clouds …

In 2022 dann konnten nach und nach wieder Seminare in Präsenz stattfinden. Die Vorteile von lokalen Seminaren sind u. a.:

- Praxis: Vor Ort ist und bleibt es einfacher, in Lern- und Arbeitsgruppen erfolgreich zu arbeiten.
- Teambuilding: Es entsteht schneller und intensiver ein Wirgefühl in der Lerngruppe.
- Die in einem lokalen Seminar gewonnenen Kontakte sind nachhaltiger und stabiler.
- Höhere Aufmerksamkeit auf das eigentliche Thema, die eigentlichen Inhalte, ohne Ablenkung durch technischen Schnickschnack, technische Probleme, Probleme im Umgang mit der Technik.
- Besserer Support durch die Trainerin vor Ort.
- Körpersprache und andere Formen der nonverbalen Kommunikation gehen leichter von Hand und werden besser wahrgenommen oder verstanden.

Dennoch sollten Sie auch auf die Vorteile von Onlinefortbildungen nicht verzichten:

- Sie trainieren den Umgang mit technischen Medien zum Lernen und Kommunizieren. Diese Kompetenz ist aus dem Arbeitsalltag inzwischen essentiell.
- Einige Onlineinhalte können orts- und zeitunabhängig abgerufen werden.
- Auch Live-Onlineseminare sind unabhängiger von örtlichen und zeitlichen Grenzen. Insbesondere internationale und interkulturelle Trainings können so leichter durchgeführt werden.
- Es entstehen weniger Reise- und andere Kosten.
- Gegebenenfalls können größere Gruppen von Personen zeitgleich erreicht werden.
- Inzwischen gibt es eine Vielzahl von Tools, die auch Onlinegruppen thematisch und arbeitspraktisch gut zusammenführen.

Für Ihren Lebenslauf spielen beide Formen des Trainings, online und offline, eine gleichermaßen wichtige Rolle.

Der Arbeitsmarkt und ich

8

Inhaltsverzeichnis

Ergänzende Information Die elektronische Version dieses Kapitels enthält Zusatzmaterial, auf das über folgenden Link zugegriffen werden kann https://doi.org/10.1007/978-3-658-41691-1_8.

S. Pflaum, *Kompass Digitale Bewerbung*, https://doi.org/10.1007/978-3-658-41691-1_8

8.1   Der Weg zur authentischen Bewerbung

Die Bewerbungsunterlagen sollten Ihre Persönlichkeit authentisch widerspiegeln. Viele Bewerbungsratgeber verlieren sich im Formalismus oder im falschen Bemühen, eine außergewöhnliche Bewerbung zu schreiben. Weniger ist hier mehr. Verzichten Sie auf aufwendige Formatierungen und grafische Details. Halten Sie sich an ein einfaches tabellarisches und übersichtliches Format. Das wird Ihnen nicht nur der Parser/der Algorithmus von Onlineportalen, sondern auch die Personalerin selbst danken, die sich einen schnellen Überblick über Ihre Kompetenzen und Erfahrungen verschaffen will.

8.2   Stellenanzeigen richtig lesen und für sich selbst bewerten

Am wichtigsten ist es, dass Sie mit gesundem Selbstbewusstsein an die Analyse von Stellenanzeigen gehen. Aus meinen heutigen Beratungsgesprächen mit Studierenden der Wirtschaftswissenschaften oder gar der vielgesuchten Naturwissenschaften weiß ich, dass es oft schwer zu entschlüsseln ist, ob man sich von einer Anzeige nun angesprochen fühlen darf oder nicht. Dazu muss man Folgendes wissen:

1. Nicht von wichtig klingenden Jobbezeichnungen irritieren lassen. Unternehmen übernehmen sich hier allzu oft im Spagat, die Stelle up to date und hochwertig darzustellen.

Beim Wort „Expert" im Jobtitel gilt es für einen selbst zu prüfen, ob man bereits Expertise im genannten Bereich erworben hat. Dazu zählen Studienschwerpunkte, Praktika und/oder Werkstudentinnenstellen in diesem oder einem verwandten Bereich.

2. Hinter den Wörtern „Junior" und „Senior" verbergen sich verschiedene Berufserfahrungsstufen. Juniorpositionen sind Einstiegspositionen, auf die Sie sich als Absolventin ohne Probleme bewerben können. Auch wenn es keine feste Definition dafür gibt, kann man in der Regel davon ausgehen, dass sich hinter dem Wort „Senior" eine Berufserfahrung im genannten Bereich von mindestens drei Jahren verbirgt.

3. Traineestellen sind klar Einstiegspositionen für Absolventinnen. Sie eignen sich insbesondere dann, wenn man noch nicht genau weiß, in welchem Unternehmensbereich man arbeiten will.

4. Wenn Sie das Profil einer Stelle, insbesondere der Teil mit der Tätigkeitsbeschreibung anspricht, bewerben Sie sich! Hadern Sie nicht mit den Anforderungen an den Job. Das Schlimmste, was passieren kann, ist eine Absage, das Beste eine Einladung. Wenn Sie die Bewerbung unterlassen, passiert weder das eine noch das andere.

Also: im Zweifel immer eine Bewerbung absenden.

8.3   Stellensuche online: von Website bis Social Media

Es gibt viele Wege der Stellensuche von Print bis Online. Da ich kein Unternehmen kenne, das seine Stellenanzeigen nicht auch online bereitstellt, beschränke ich mich darauf, welche Onlinewege es gibt und wie man diese am besten nutzt. Ergänzend beschreibe ich im folgenden Kapitel mit den Kontaktmessen und Karriereevents einen auch im Onlinezeitalter immer wichtiger werdenden Weg der Stellensuche. Aber kommen wir zunächst zur Onlinestellensuche.

8.3.1   Internetauftritte von Unternehmen

Eine erste Quelle sind die Internetauftritte von Unternehmen. Gehen Sie hier in den Karrierebereich. Neben aktuellen Stellenanzeigen finden Sie dort auch zahlreiche Informationen zu den Werten und der Kultur eines Unternehmens und meist klar gegliedert, welche Stellen für Studierende, Absolventinnen und schon berufserfahrene Bewerberinnen geeignet sind.

Die Unternehmenskultur überzeugt Sie. Machen Sie einen Cross Check und besuchen Sie die Webseite kununu.de. Dort berichten Mitarbeiterinnen und Ehemalige über ihre Erfahrungen. Bitte beachten Sie dabei aber auch, dass ähnlich wie bei anderen Sternebewertungen hier oft sehr subjektive Eindrücke mit einer Tendenz zum sehr Positiven oder Negativen beschrieben werden.

8.3.2   Jobportal der Arbeitsagentur: www.arbeitsagentur.de

Auch wenn der Internetauftritt der Arbeitsagentur auf den ersten Blick arg grau wirkt, so enthält er doch zahlreiche wichtige und gut aufbereitete Informationen rund um das Thema Arbeit und Arbeitsmarkt und ist nach wie vor die größte Onlinejobbörse in Deutschland. Der Besuch lohnt sich.

Die Webseite führt auch zu weiteren interessanten Angeboten. Zu diesen zählt das Berufenet (www.berufenet.arbeitsagentur.de). Hier kann man sich einen schnellen Überblick über die aktuelle Berufs- und Arbeitswelt verschaffen, von verschiedenen Berufsfeldern bis hin zu neueren Daten darüber, wie die Jobchancen in einem bestimmten Bereich aussehen.

Wer noch kaum oder keine Vorstellung davon hat, was sie nach dem Studium machen will, kann sich z. B. über den „Sucheinstieg über Tätigkeitsfelder" Ideen holen. Bevor man zur Suche in der Jobbörse schreitet, sollte man sich hier einige passende Berufsbezeichnungen heraussuchen, sodass man gezielt danach suchen kann.

Zu den Jobs gelangt man direkt über den Link www.jobboerse.arbeitsagentur. Die Suche ist etwas tricky, weil die Stichwortvorgaben der Seite etwas restriktiv sind und mit den zahlreichen, mit Anglizismen glänzenden, von Unternehmen zu Unternehmen wechselnden Jobbezeichnungen nicht mithalten können. Alternativ gibt es auch eine Gliederung nach Branchen, durch die man sich klicken kann.

8.3.3   Jobbörsen der Hochschulen

Besondere Aufmerksamkeit sollten Sie den Jobbörsen Ihrer eigenen Hochschule bzw. des Career Service Ihrer Hochschule schenken. Hier inserieren in der Regel die Unternehmen, die ein besonderes Interesse an deren Absolventinnen haben und/oder regional mit einem Unternehmensstandort vertreten sind. Einige von den dort gelisteten Unternehmen sind mit Sicherheit auch auf den Karriereveranstaltungen des Career Service vertreten.

8.3.4   Weitere Jobsuchmaschinen

In der folgenden Auflistung seien noch einige weitere Jobbörsen ohne Anspruch auf Vollständigkeit genannt, die ich persönlich hilfreich finde.

Webadresse	Beschreibung
	Nach der Jobbörse der Arbeitsagentur ist dies die zweitgrößte Jobsuchmaschine mit sinnvoller Möglichkeit zur Eingrenzung der Suche auf Ihren Wohn- oder Studienort. Es werden auch Jobs aus der Jobbörse der Arbeitsagentur angezeigt

Webadresse	Beschreibung
www.xing.com www.linkedin.com	Die beiden professionellen Netzwerke spielen eine zunehmend wichtige Rolle nicht nur bei der Jobsuche, sondern auch durch die Möglichkeit, sich mit einem Klick direkt zu bewerben
www.jobs.sueddeutsche.de	Der Stellenmarkt der Süddeutschen Zeitung enthält ebenfalls viele Anzeigen für Akademikerinnen. Das Angebot ist nahezu identisch mit dem der Frankfurter Allgemeinen Zeitung
www.jobs.zeit.de	Die Zeit bietet Ihnen vor allem Jobangebote aus den Bereichen Wissenschaft und Forschung sowie aus dem öffentlichen Dienst
www.service.bund.de	Auf dieser Seite finden Sie viele Stellenausschreibungen der kommunalen, Landes- und Bundesbehörden. Leider sind nicht alle Stellen dort ausgeschrieben, sodass sich ein Blick auf die Karriereseiten einer für Sie interessanten Behörde/Organisation lohnt
www.monster.de www.indeed.de www.stepstone.de	Dies sind die wichtigsten, weil größten privaten Jobsuchmaschinen. Tipp: Lesen Sie sich die Datenschutzbestimmungen dieser Anbieter genau durch. Ihre persönlichen Daten werden oft über Ihre konkrete Jobsuche hinaus geteilt und verarbeitet
www.goodjobs.eu www.tbd.community	Webseiten, die Jobs mit „Purpose" versprechen

8.3.5 Professional und Social Networks

In den letzten fünf Jahren gewinnen soziale Netzwerke bei der Jobsuche an Bedeutung. Die „innovativsten" Unternehmen werben auch auf Facebook, Snapchat, Instagram und Co. um Personal. Weiter verbreitet ist die Suche über XING und/oder LinkedIn. Auch als Studentin kann es sich lohnen, sich dort ein Profil anzulegen (Tab 8.1). Immer mehr Personalerinnen inserieren nicht nur dort, sondern nutzen die Portale auch aktiv, um Kandidatinnen anzusprechen. Wichtig ist allerdings, dass Sie Ihren Posteingang dort regelmäßig checken und Ihr Profil aktuell halten. Ein schlecht gepflegtes Profil hinterlässt einen eher schlechten Eindruck, auch dann, wenn Sie sich auf anderem Wege bewerben und eine Personalerin bei einer Onlinerecherche zu Ihrer Person dort landet.

Achten Sie nicht nur bei den professionellen, sondern auch bei den privaten Social Networks darauf, was Sie in der Öffentlichkeit schreiben und von sich preisgeben. Die Onlinesuche nach den Namen von Bewerberinnen gehört inzwischen zum Standardprozedere im Recruitingprozess.

8.3.6 Ihr digitaler Fingerabdruck: Weniger ist hier mehr!

Bitte legen Sie sich Onlineprofile sehr bewusst an. Führen Sie eine Liste, wo Sie wann welches Profil online angelegt haben, und pflegen Sie alle (!) gleichermaßen. Achten Sie

Tab. 8.1 Checkliste Profil in sozialen Netzwerken

☐	Verwenden Sie ein aktuelles, professionelles und bewerbungstaugliches Foto von sich.
☐	Ihre Angaben zu Tätigkeiten und Berufserfahrungen müssen inhaltlich und zeitlich deckungsgleich mit denen Ihres CVs sein.
☐	Beschreiben Sie Ihre Person und Persönlichkeit in den entsprechenden Feldern so, wie Sie es im Anschreiben einer Bewerbung tun würden. Lassen Sie Ihre Texte auf Rechtschreib- und Tippfehler von einer Freundin gegenlesen.
☐	Werden Sie (nur) bewusst Mitglied einer oder mehrerer Gruppen auf LinkedIn und/oder XING. Auch Ihre Mitgliedschaften sagen etwas über Sie aus.
☐	Nehmen Sie nicht blind jede Kontaktanfrage an, sondern checken Sie jede Anfrage danach, ob Sie diese Person kennen und/oder ob Ihnen dieser Kontakt einen Mehrwert bringt.
☐	Achten Sie immer darauf, was Sie in Gruppen, Foren oder auf Seiten online schreiben. Das Netz vergisst nichts. Denken Sie daran, dass Ihre Beiträge möglicherweise in fünf oder zehn Jahren immer noch von Suchmaschinen und damit von potenziellen Arbeitgeberinnen zu finden sind.

☐	Sie müssen nicht warten, bis Sie ein Headhunter oder Recruiter über ein soziales Netzwerk anspricht. Wenn Sie ein bestimmtes Unternehmen interessiert, suchen Sie nach dessen Vertreterinnen (Recruiting, Hochschulmarketing, University Recruiting, …) auf XING und LinkedIn und schreiben Sie diese mit Ihren (gut bedachten und formulierten Fragen) an.
	
	  - Wie sieht der Bewerbungsprozess aus?
	  - Wie viele und welche Interviews gibt es?
	  - Was ist Ihnen besonders wichtig bei einer Bewerbung?
	  - …
	
	Informieren Sie sich aber stets vorher im Karrierebereich des Unternehmens, um keine Fragen zu stellen, die dort bereits beantwortet werden.

darauf, dass Ihre Angaben auf allen Portalen übereinstimmen. Wie Sie daran merken, ist weniger manchmal mehr. Sie benötigen nicht überall ein persönliches Profil. Denn Ihre persönlichen Daten sollten mitunter Ihr höchstes Gut sein und nur bewusst, für einen bestimmten Zweck online geteilt werden. Denken Sie daran, auch mit Blick auf Ihre privaten sozialen Medien: Das Netz vergisst nichts!

8.4   Stellensuche offline: Messen und Events

Viel besser noch ist es, Kontakte live und vor Ort zu knüpfen. Halten Sie daher frühzeitig nach Karrieremessen und Events Ausschau. Ich persönlich empfehle Ihnen, in erster Linie die Events und Messen an Ihrer Hochschule zu besuchen. Denn die teilnehmenden Unternehmen haben explizit an den Studierenden und Absolventinnen Ihrer Hochschule Interesse.

Darüber hinaus gibt es zahlreiche regionale und zielgruppenspezifische Messe- und Eventangebote, die man leicht über eine Suchmaschine über das Stichwort „Karriere-messen 20XX" findet.

Immer mehr Unternehmen bieten auch eigene, z. T. spielerisch oder in einem Business Case verpackte, Events an. Auch das ist eine gute Gelegenheit, Kontakte zu Unternehmen zu knüpfen.

8.5   Wie lesen Parser/Algorithmen eines Onlineportals Ihre Bewerbung?

Ein Parser ist ein Suchalgorithmus, der die Texte Ihrer Bewerbungsdokumente auto-matisch verarbeitet und auswertet. Ihre Dokumente werden z. B. nach für die aus-geschriebene Stelle   Stichworte durchsucht. Damit ein Parser Ihre Bewerbung gut auswerten kann, sollten Sie auf folgende Punkte achten (Tab. 8.2).

8.6   Bewerbung per E-Mail/über ein Onlineportal

Allein aus Datenschutzgründen, vor allem aber aus Gründen des besseren Handlings stellen immer mehr Unternehmen auf die Bewerbung über standardisierte Bewerbungs-portale um (Tab. 8.3). An was müssen Sie bei beiden Formen der Bewerbung jeweils denken?

Bevor (!) Sie sich an die Bearbeitung eines Onlineportals für eine Bewerbung machen, bereiten Sie die folgende Schritte vor (Tab. 8.4). Einige Portale messen die Zeit, die Sie für die Bearbeitung benötigen. Zudem vermeiden Sie stressige Situationen, in denen Sie einzelne Dokumente oder Daten erst suchen müssen.

8.7   Anschreiben/Motivationsschreiben

Inzwischen geht der Trend dahin, dass Unternehmen auf das klassische Anschreiben verzichten bzw. es durch ein kurzes Motivationsschreiben (in einem Onlineformular) ersetzen. Unabhängig davon lohnt es sich in jedem Fall, sich schriftlich Gedanken zur Stelle, zum Unternehmen und der eigenen Motivation zu machen, darüber hinaus dazu,

Tab. 8.2 Checkliste Anschreiben

☐	Gliederung Ihres CV in klar benannten Überschriften, z.B.: - Persönlicher Werdegang / Lebenslauf / CV als Überschrift - Berufserfahrung - Schulische und akademische Ausbildung - Sprachkenntnisse - IT-Kenntnisse - Ehrenamtliches/Checkliste soziales Engagement - Persönliche Interessen / Hobbies
☐	Zweispaltiges Format: Links die Zeitangaben, rechts die Inhalte
☐	Einfaches Layout: Verwenden Sie keine Grafiken, beschreiben Sie Ihre Kenntnisse in Worten (z.B.: Sprachkenntnisse oder IT-Kenntnisse)
☐	Umgekehrte Zeitreihenfolge: Aktuelles zuerst.
☐	Keywords / Stichworte: In den stichpunktartigen Beschreibungen Ihrer Ausbildung und Erfahrungen sollten sich einige Stichworte finden, die zur Stellenausschreibung passen, in dieser fallen.
☐	Vermeiden Sie Abkürzungen und Akronyme.
☐	Wenn Sie Dokumente senden oder hochladen sollen: Immer PDF als Format!

welche Kompetenzen Sie für die Stelle mitbringen, wie das Unternehmen von Ihnen profitiert und wie Ihre beruflichen Pläne mit Blick auf diese Stelle aussehen. Spätestens beim Jobinterview werden Sie für diese Vorbereitung belohnt.

Oft sind die Bewerberinnen sehr gut darin, ihre eigenen Kompetenzen und Erfahrungen gut aufzulisten. Was aber häufig fehlt, ist die Antwort auf die einfache Frage: Was hat das Unternehmen von diesen Fähigkeiten und an welchen Stellen will die Kandidatin diese einbringen? Beantworten Sie diese Frage in Ihrem Anschreiben.

Sie müssen nicht für jedes Bewerbungsschreiben das Rad neu erfinden. Es ist legitim, bestimmte inhaltliche Beschreibungen Ihrer Fähigkeiten wiederholt zu verwenden. In den meisten Fällen reichen zwei bis drei auf die konkrete Stellenanzeige abgestimmte Texte, um dem Anschreiben einen individuellen Touch zu verleihen, der die Verantwortlichen im Unternehmen anspricht:

1. Möglichst in den ersten beiden Sätzen sollten Sie die Frage beantworten, wie Sie auf das Unternehmen und die Stelle aufmerksam wurden, was Sie angesprochen hat und was Sie an der Stelle reizt. Vermeiden Sie langweilige Einstiege, wie: „Mit großem

Tab. 8.3 Bewerbung per E-Mail

☐	Lesen Sie genau in der Stellenausschreibung, welche Dokumente in welcher Form gefordert werden.
☐	Ihre Bewerbung liegt in einer PDF-Datei vor. Die Datei ist nicht größer als 5 MB und enthält:
☐	Ihr Anschreiben
☐	Ihren CV
☐	Ihre Zeugnisse, Zertifikate und Referenzen
☐	In der E-Mail selbst schreiben Sie entweder einen kurzen Text, z.B. „Sehr geehrte Frau…, anbei finden Sie meine Bewerbungsunterlagen für die Position als … Mit freundlichen Grüßen Vorname Nachname Alternativ können Sie den Text Ihres Anschreibens wiederholen.
☐	Im Betreff der Email: Bewerbung als [exakte Wiedergabe des Titels der ausgeschriebenen Stelle]

Interesse lese ich Ihre Stellenzeige …" Spannender sind Varianten, bei denen Sie sich auf ein konkretes Projekt des Unternehmens oder einen bestimmten Aspekt aus der Stellenanzeige beziehen. Idealerweise haben Sie das Unternehmen schon einmal im Rahmen einer Karrieremesse oder eines anderen Events kennengelernt. Oder Sie kennen eine Kommilitonin bzw. eine andere Person, die Ihnen das Unternehmen aufgrund eigener Erfahrungen empfohlen hat.

2. Wenn Sie im weiteren Verlauf des Schreibens über Ihre fachlichen und sozialen Kompetenzen schreiben, erläutern Sie möglichst konkret, wie das Unternehmen davon profitieren kann.

Aus Ihrem Anschreiben sollte zu lesen sein, dass Sie sich inhaltlich mit der Stelle auseinandergesetzt haben und erste Vorstellungen davon haben, wie Ihre Rolle im Unternehmen aussehen kann.

Tab. 8.4 Was Sie für eine Bewerbung über ein Online-Portal bereithalten sollten

☐	Lesen Sie genau in der Stellenausschreibung, welche Dokumente in welcher Form gefordert werden.
☐	Ihre persönlichen Daten - Geburtsdatum und -ort - Vollständige Adresse - E-Mail-Adresse, über die Sie erreichbar sind. Idealerweise enthält diese E-Mail-Adresse Ihren Klarnamen.
☐	Die monatsgenauen Angaben zu Ihren beruflichen Erfahrungen. Bereiten Sie diese möglichst unformatiert in einer Text-Datei vor.
☐	Die monatsgenauen Angaben zu Ihren Ausbildungsstationen. Bereiten Sie diese möglichst unformatiert in einer Text-Datei vor.
☐	Ihren CV als PDF Datei, max. 2 Seiten, max. 2 MB
☐	Einen Motivationstext für die Stelle als PDF auf einer Seite. In einigen Fällen müssen Sie diesen nicht als Datei hochladen sondern in ein Textfeld eingeben.
☐	Ihre Referenzen, Zeugnisse und Zertifikate - entweder als eine Datei mit max. 5 MB - oder einzelne Dokumente mit max. 1MB pro gescanntes Dokument
☐	Notieren Sie sich Stichwörter, die die Stellenbeschreibung enthält und verwenden Sie einige davon in den Texten, die Sie eingeben müssen: - in Ihrem Motivationstext - in Ihren Ausbildungsstationen - in Ihren Berufserfahrungen

Typischerweise ist ein Anschreiben wie folgt aufgebaut:

- Anrede: Am besten ist es nach wie vor, Sie sprechen eine bestimmte Person im Unternehmen mit Namen an. Sollten Sie im Ausnahmefall keinen festen Ansprechpartner im Unternehmen herausfinden, verwenden Sie die Formel „Sehr geehrte Damen und Herren".
- Einleitung: Wie wurden Sie auf die Stelle aufmerksam (siehe oben)?
- Motivation: Was motivierte Sie, sich auf diese Stelle in diesem Unternehmen zu bewerben?
- Fachliche Kompetenzen: Welche fachlichen Kenntnisse und beruflich relevante Erfahrungen bringen Sie mit? Wie und wo decken sich diese mit den Anforderungen

des Unternehmens? Welchen Mehrwert hat das Unternehmen von Ihnen als Mitarbeiter zu erwarten? WICHTIG: Konzentrieren Sie sich auf mit Blick auf die Stellenausschreibung Relevantes; erzählen Sie nicht Ihren Lebenslauf nach!

- Persönliche/soziale Kompetenzen: Welche persönlichen Eigenschaften unterstreichen Ihre Fachkenntnis und Erfahrung?
- Abrundung: Zum Beispiel: „Sie gewinnen mit mir einen … Mitarbeiter" oder: „Mit meinen Fähigkeiten werde ich Ihr Team mit Sicherheit gut ergänzen."
- Eintrittstermin und Gehaltswunsch: Nennen Sie immer Ihren frühestmöglichen Eintrittstermin. Schreiben Sie nicht ab sofort, sondern geben Sie ein Datum (4 Wochen +) zum Monatsanfang an. Die Frage nach dem Gehalt ist eine sog. „Gretchenfrage". Ich selbst würde das Wunschgehalt nur angeben, wenn explizit danach gefragt wird.
- Schlussformulierung: Freude auf Einladung zu einem persönlichen Vorstellungsgespräch.

Achten Sie darauf, dass Ihr Anschreiben oben rechts das aktuelle Datum und den Ort in folgender Form enthält: Ort, TT.MM.JJJJ.

Auch für den Fall, dass Sie Ihr Schreiben als Anhang mit einer E-Mail senden, muss es einen Briefkopf mit Ihren Adressdaten sowie darunter die vollständige in der Stellenanzeige angegebene Adresse des Unternehmens enthalten.

In der Betreffzeile geben Sie den Jobtitel exakt so wieder, wie er in der Stellenanzeige steht, ggf. auch das angegebene interne Kennzeichen für die Stelle.

Ein Anschreiben ist niemals länger als eine Seite.

Folgende Checkliste (Tab. 8.5) wird Ihnen bei der Erstellung helfen:

8.7.1 Beispiel für ein Motivationsschreiben

Vorname Nachname	Beispielstr. 23
	12345 Zufallsort
	0123/456 789 000
	klar.name@provider.de

Lazytown, 28.02.2023

Bewerbung als genaue Bezeichnung der ausgeschriebenen Stelle

Sehr geehrte Frau Mustermann,

am 31.12.2022 lernte ich Unternehmensame mit Frau Musterfrau beim Career Event xyz an der LMU München persönlich kennen. Ihr Auftritt, Ihre Unternehmenskultur und Ihre Einstiegschancen haben mich sehr überzeugt. Es freut mich daher, dass Sie diese Stelle ausschreiben, auf die ich mich nun bewerbe.

Derzeit schließe ich meinen Master in xyz ab. Im Studium wählte ich die Schwerpunkte xyz und in meinen Praktika als abc konnte ich hier entsprechende praktische

Tab. 8.5 Checkliste Anschreiben

	Das Layout ist stimmig zum Lebenslauf. Auch in das Anschreiben gehören die vollständigen Kontaktdaten: - Anschrift - Telefon- und Handynummer - Private Email-Adresse (mit Klarnamen, keine Spitznamen oder Ähnliches, bekannter Provider oder eigene Domain)
☐	

	Auch ins digitale Anschreiben gehört die Anschrift des Unternehmens. Stimmt diese mit der in der Anzeige überein? - Vollständiger Unternehmensname mit Rechtsform - Abteilung (wie in der Anzeige angegeben) - Ansprechpartner/in (heute ohne die Anrede „Herr / Frau", nur den Namen nennen)
☐	

	Ist das Datum aktuell und stimmt mit dem im Lebenslauf überein? - Form: Ort, TT.MM.JJJJ
☐	

	In der Betreffzeile - Kein „betrifft", „Betreff:" oder Ähnliches schreiben - Die Stellenbezeichnung exakt so benennen wie in der Anzeige - ggf. eine Referenznummer und/oder die Quelle der Anzeige angeben
☐	

	Verweis - Falls Sie vorab Kontakt mit dem Unternehmen hatten, beziehen Sie sich in der Einleitung auf diesen direkten Kontakt namentlich
☐	

	Anrede - Sprechen Sie den in der Adresse genannten Ansprechpartner an. - Ist der Name korrekt geschrieben?
☐	

	Anforderungen - Nehmen Sie in Ihrem Anschreiben Bezug auf die Anforderungen der Stelle?
☐	

	Erfahrungen - Nennen Sie Ihre für die Stelle relevante Berufserfahrung?
☐	

(Fortsetzung)

Tab. 8.5 (Fortsetzung)

☐	Ist Ihr Anschreiben frei von Problemschilderungen (z. B. mit dem letzten Arbeitgeber)?
☐	Nennen Sie Beispiele für Ihre erfolgreiche Arbeit?
☐	Ist Ihr Anschreiben auch für Fachfremde (Personalverantwortliche) verständlich? - Verwenden Sie keine Abkürzungen
☐	Nennen Sie Gehaltswunsch (falls gefordert) und Ihren Eintrittstermin?
☐	Deckt sich Ihr Schreiben gut mit dem Profil der Stelleanzeige?
☐	Ist Ihr Anschreiben unterschrieben? - Unter der Unterschrift wird der Name nicht noch einmal maschinell wiederholt!
☐	Haben Sie eine dritte Person das Anschreiben Korrektur lesen lassen? - Geben Sie der dritten Person auch die Stelleanzeige zum Cross Check

Erfahrungen sammeln. Meine Ausbildung und bisherige praktische Erfahrung decken sich sehr gut mit den Anforderungen xyz der ausgeschriebenen Stelle.

Meine Motivation und mein Arbeitsstil ist geprägt von abc. Das stellte ich während meiner Tätigkeit xyz und bei meinem Auslandspraktikum in abc bereits unter Beweis.

[Hier ggf. weitere Argumente, die Ihre Kompetenzen mit der Stelle gemein haben.]

Sie gewinnen mit mir eine x-, y- und z-artige Mitarbeitern, die sich schnell und zuverlässig in ihr neues Aufgabengebiet in Ihrem Unternehmen einarbeitet.

Mein frühestmöglicher Eintrittstermin ist der tt.mm. und ich freue mich darauf, Sie in einem persönlichen Gespräch von meinen Kompetenzen zu überzeugen.

Mit freundlichen Grüßen

Vorname Nachname

8.8   Der Weg vom Lebenslauf hin zum persönlichen Werdegang

Da das Leben eben nicht nur einfach so vor sich hinplätschert, sondern weil Sie es aktiv gestalten und so in Ihrer Persönlichkeit reifen, bevorzuge ich die Rede vom „persönlichen Werdegang". Am besten behalten Sie diesen Gedanken bei der Erstellung stets im

Hinterkopf: Sie bringen auf maximal zwei bis drei Seiten auf Papier, wie Sie Ihr Leben bislang gestaltet haben und derzeit gestalten.

8.8.1   Wie liest die Personalerin einen CV?

Weiter sollten Sie bei der Gestaltung stets auch den Adressaten Ihres CVs im Sinn haben. In der Regel sind das Ihre neue Führungskraft und Personalerinnen. Die Empfängerinnen Ihres Dokuments analysieren Ihren Werdegang nach zwei Vorgehensweisen:

1. Zeitanalyse: Sind Ihre Zeitangaben ohne größere Lücken und stimmig?
Idealerweise machen Sie Ihre Angaben stets monatsgenau. Über Lücken von wenigen Monaten (bis zu ca. einem halben Jahr) Länge müssen Sie sich keine Gedanken machen. Diese sind nach Abschluss eines Studiums, einer Ausbildung oder nach einem Jobwechsel normal.

2. Positionsanalyse: Gibt es einen nachvollziehbaren roten Faden in Ihrer beruflichen Entwicklung?
Bei der Positionsanalyse versuchen Personalerinnen Ihre persönliche und berufliche Entwicklung nachzuvollziehen. Damit dies gut gelingt, sollten Sie ggf. nur in Ihren bisherigen Unternehmen/Stationen geläufige, interne Stellenbezeichnungen stets erläutern. Am besten beschreiben Sie jede bisherige Stelle mit zwei bis drei Stichpunkten, die Ihr Aufgabenfeld beschreiben. Vermeiden Sie in jedem Fall Abkürzungen. Oft sind diese nur vermeintlich allgemein bekannt. Das gilt nicht nur für Ihre beruflichen Stationen, sondern auch für Ihre Ausbildungen, Ihr Studium, Ihre Spezialisierungen. Inhaltlich sollten Ihre Beschreibungen mit den Angaben in Ihren Referenzen und Zeugnissen übereinstimmen.

8.8.2   Wie soll ein CV aussehen?

Beim Design des Werdegangs können Sie zwischen einem sehr innovativen und einem klassischen Design wählen. Egal, wie Sie sich auch entscheiden, am Ende soll das Dokument einen ersten Eindruck von Ihrer Persönlichkeit vermitteln und zugleich zur ausgeschriebenen Stelle passen. Im Zweifel entscheiden Sie sich lieber für ein klassisches Design, das zugleich Ihre Persönlichkeit zum Ausdruck bringt und in dem sich ein Betrachter schnell und gut einen Überblick verschaffen kann.

Einen Bogen sollten Sie um Vorlagen wie den Europass-Lebenslauf machen oder jede andere Vorlage, die von Ihnen mehr als zwei bis maximal drei Seiten fordert. Ein CV hat ganz unabhängig von Ihrer Berufserfahrung und Ihren Ausbildungen niemals mehr als drei Seiten, inklusive Deckblatt bzw. zwei Seiten ohne Deckblatt.

8.8.3   Internationaler CV/English CV

Sie sollten Ihren CV stets auch auf Englisch verfügbar haben. Grundsätzlich gelten hier die gleichen Regeln wie für einen deutschen CV. Ob Sie nun einen deutschen oder englischen CV absenden, sollten Sie von der Sprache der Stellenausschreibung abhängig machen. Ist diese auf Englisch, verwenden Sie Ihren internationalen CV.

In der Regel lassen Sie das Bewerbungsfoto im internationalen Lebenslauf weg. Auch in der deutschen Version ist das Foto nicht mehr unbedingt erforderlich.

8.8.4   Wie lang darf ein CV sein?

Ob Sie ein Deckblatt verwenden, ist Geschmackssache. Der Trend geht derzeit in die Richtung, auf das Deckblatt zu verzichten, auch weil Onlineportale und deren Algorithmen diese nicht gut lesen können. Verwenden Sie eines, sollten darauf mehr Inhalte zu sehen sein als das Wort „Bewerbung" und ein großes Foto von Ihnen. Nutzen Sie die gewonnene Seite, um den Leser auf den ersten Blick mit wesentlichen Informationen über Sie zu versorgen, z. B. einige Stichpunkte dazu, was Sie suchen, was Sie dem Arbeitgeber bieten. Achten Sie dann aber darauf, dass Sie nicht das Anschreiben wiederholen.

Ihr Lebenslauf sollte unterm Strich auf den ersten Blick Ihre letzten fünf bis zehn Jahre highlighten. Bei älteren Angaben können Sie kürzen.

8.8.5   Brauche ich ein Bewerbungsfoto?

War ein Foto bei Bewerbungen in Deutschland lange Zeit Pflicht, so steht es einem heute frei, ob man eines in den CV integriert. Ich persönlich finde es nach wie vor gut, wenn Bewerberinnen ein Foto beifügen, sehe es aber nicht als Knock-out-Kriterium, wenn darauf verzichtet wird. Allerdings gilt auch hier das Prinzip: Ein Bild sagt mehr als tausend Worte. Lassen Sie Ihr Bild von einem Profi, z. B. in einem guten Fotostudio, machen. Auf vielen Karrieremessen gibt es die Möglichkeit, dies kostenlos zu tun. Bitte verwenden Sie auf keinen Fall mit dem Smartphone erstellte Selfies oder Ähnliches. Auch der Dresscode für Bilder ist in den letzten Jahren lockerer geworden. Die Krawatte ist für Herren in den meisten Fällen keine Pflicht mehr, wie zusammengebundene Haare für Frauen. Überlegen Sie, für welche Branche, für welches Unternehmen Sie sich bewerben und wie sich Menschen, die dort in der von Ihnen angestrebten Position arbeiten, wohl zur Arbeit anziehen. Manchmal gibt ein Bild auf der Stellenanzeige selbst einen Hinweis oder Sie schauen sich die Webseite des Unternehmens an.

Fügen Sie in den CV ein Bild mit hinreichender Auflösung und Größe ein. Man sollte keine Pixel sehen und das Bild selbst sollte in etwa 5 cm breit und 7 cm lang sein, in jedem Fall größer als eine Briefmarke. Auf einem Deckblatt kann das Bild deutlich größer sein.

8.8.6   Wie gliedere ich einen CV?

Bei der Gliederung müssen Sie zwei Prinzipien berücksichtigen:

1. Vom Wichtigen zum weniger Wichtigen. Unwichtiges raus. Die Überschrift „Sonstiges" vermeiden. Inhalte sollten stets eine sprechende Überschrift haben.
2. Vom Aktuellen zum weniger Aktuellen. In der Regel beginnt Ihr CV mit dem höchsten Schulabschluss der zuletzt besuchten, weiterführenden Schule.

Thematisch schlage ich folgenden Aufbau vor:

- beruflicher Werdegang
- berufliche Fort- und Weiterbildung
- akademischer Werdegang
- ggf. Berufsausbildung
- schulischer Werdegang (nur letzter, höchster Abschluss)
- IT- und Sprachkenntnisse
- ggf. ehrenamtliches Engagement

Bei frisch gebackenen Absolventinnen oder bei der Bewerbung auf akademische Stellen kann es sinnvoll sein, den akademischen Werdegang vorzuziehen. Die Gliederung sollte sich an den Anforderungen der Stelle orientieren.

Auslandsaufenthalte werden immer wichtiger und sie sollten daher auf jeden Fall im CV erkennbar sein. Sie haben die Wahl, ob Sie diese Stationen in einem separaten Punkt herausstellen oder sie in den beruflichen Werdegang (z. B. Auslandspraktika) bzw. in den akademischen Werdegang (z. B. Auslandssemester) integrieren. Längere Urlaubsreisen oder nur kurze Schüleraustausche zählen nicht zu den relevanten Aufenthalten im Ausland und gehören nicht in den CV. Ein relevanter Aufenthalt dauert in der Regel mehrere Monate.

Ähnlich. sieht es mit Praktika aus. Ein- bis zweiwöchige Schnupperpraktika sind für den CV kaum relevant. Auch hier zählen nur mehrmonatige Erfahrungen.

Die Angabe von Hobbys ist Geschmackssache. Es gibt Personalerinnen, die sich über die angegebenen Hobbys Rückschlüsse auf die Persönlichkeit der Bewerberin erlauben und diese in ihren Gesamteindruck mit einbeziehen. Ich selbst rate von den Hobbys ab. Zu viele und vor allem zu risikoreiche können einen negativen Eindruck generieren (Tab. 8.6).

Tab. 8.6   Checkliste CV

☐	Welchen ersten Eindruck hinterlässt Ihr CV? Lassen Sie eine dritte Person Feedback geben…
	- …zur Übersichtlichkeit - …zur Verständlichkeit - …zur Anpassung an die Anforderungen der Stelle
☐	Sind Ihre Kontaktdaten vollständig?
	- Der vollständige Vor- und Zuname - Die Anschrift, unter der Sie postalisch erreichbar sind. - Telefonnummer, am besten geben Sie Ihre Mobilfunknummer an, da Personalerinnen grundsätzlich keine Nachrichten auf einem Festnetz-Anrufbeantworter hinterlassen. - Private Email-Adresse: Verwenden Sie eine Adresse mit Klarnamen, keine Kose- oder Spitznamen. Idealerweise legen Sie sich einen eigenen Account für Bewerbungen an. Verwenden Sie einen einigermaßen bekannten Email-Provider, damit Ihre Mails nicht versehentlich Spam-gefiltert werden.
☐	Haben Sie an alle persönlichen Daten gedacht?
	- Geburtsdatum - Geburtsort - Nationalität, ggf. Aufenthaltsstatus und Arbeitserlaubnis Den Familienstand und Kinder können Sie, müssen Sie aber nicht angeben.
☐	Ist die Gliederung Ihres CV stimmig und für jemanden, der Sie nicht kennt, nachvollziehbar?
	- Stehen mit Blick auf die Stelle die wichtigsten und aktuellsten Ereignisse oben? - Zeitanalyse: Gibt es zu füllende Lücken, die länger als ca. sechs Monate sind? - Positionsanalyse: Gibt es einen roten Faden, der durch Ihre Karriere führt? Kann Ihre persönliche und berufliche Weiterentwicklung erkennen?
☐	Sind folgende Punkte enthalten?
	- Beruflicher Werdegang - Berufliche Fort- und Weiterbildung - Akademischer und schulischer Werdegang - ggf. Berufsausbildung - Schulischer Werdegang (nur letzter, höchster Abschluss) - IT- und Sprachkenntnisse - ggf. ehrenamtliches Engagement

(Fortsetzung)

Tab. 8.6 (Fortsetzung)

☐	Sind alle Zeitangaben gleich formatiert?
	   - z. B. MM/JJJJ oder MM/JJ
	   - MM/JJ bis MM/JJ
	   - Ist der Bindestrich zwischen den Angaben einheitlich lang?

☐	Haben Sie Abkürzungen vermieden?
☐	Verstehen auch unternehmens-/studienfremde Personen Ihre Tätigkeiten und Ausbildungen? - Haben Sie Ihre Tätigkeiten, Ihr Studium und/oder Ihre Ausbildung in einigen Stichpunkten erläutert?

☐	Beruflicher Werdegang
	   - Haben Sie alle Stellen angegeben?
	   - Sind die Angaben zur Dauer der Beschäftigung monatsgenau?
	   - Stimmen die Angaben mit denen in mitgesandten Zeugnissen überein?
	   - Sind die Tätigkeiten immer einheitlich aufgebaut?
	
	Beispiel für einen einheitlichen Aufbau:

MM.JJJJ – MM.JJJJ   Unternehmen inkl. Gesellschaftsform, Unternehmensstandort

                  Stellenbezeichnung
- Stichpunkt 1 – Ihre Tätigkeit
- Stichpunkt 2 – Ihre Tätigkeit
- Stichpunkt 3 – Ihre Tätigkeit
- Ggf. herausragende Leistung in Ihrem Job

Wenn Sie viele Jahre für einen Arbeitgeber in verschiedenen Positionen gearbeitet haben, können Sie wie folgt gliedern:

(Fortsetzung)

Tab. 8.6 (Fortsetzung)

MM.JJJJ – MM.JJJJ Unternehmensstandort	Unternehmen inkl. Gesellschaftsform, Unternehmensstandort
	MM.JJJJ – MM.JJJJ Stellenbezeichnung
	• Stichpunkt 1 – Ihre Tätigkeit
	• Stichpunkt 2 – Ihre Tätigkeit
	• Stichpunkt 3 – Ihre Tätigkeit
	• Ggf. herausragende Leistung in Ihrem Job
	MM.JJJJ – MM.JJJJ Stellenbezeichnung
	• Stichpunkt 1 – Ihre Tätigkeit
	• Stichpunkt 2 – Ihre Tätigkeit
	• Stichpunkt 3 – Ihre Tätigkeit
	• Ggf. herausragende Leistung in Ihrem Job
	MM.JJJJ – MM.JJJJ Stellenbezeichnung
	• Stichpunkt 1 – Ihre Tätigkeit
	• Stichpunkt 2 – Ihre Tätigkeit
	• Stichpunkt 3 – Ihre Tätigkeit
	• Ggf. herausragende Leistung in Ihrem Job

☐ Akademischer und schulischer Werdegang

- Haben Sie alle Ausbildungsstationen ab dem höchsten weiterführenden Schulabschluss angegeben?
- Sind die Angaben zur Dauer monatsgenau?
- Stimmen die Angaben mit denen in mitgesandten Zeugnissen überein?
- Haben Sie ggf. Studien- und/oder Ausbildungsschwerpunkte angegeben?

MM.JJJJ – MM.JJJJ Hochschulort	ausgeschriebener Name der Hochschule, Hochschulort
	Studiengang mit (ggf. angestrebtem) Abschluss
	• Studienschwerpunkte
	• und/oder Nebenfächer
MM.JJJJ – MM.JJJJ	ggf. Auslandssemester, Hochschule, Land, Ort
	• fachlicher Schwerpunkt
MM.JJJJ – MM.JJJJ	Name der weiterführenden Schule, Ort
	Bezeichnung des Schulabschlusses

- Geben Sie nur die Schule an, in der Sie die Hochschulreife erworben haben.
- Berufsausbildungen und den damit verbundenen Berufsschulabschluss können Sie wie folgt angeben

(Fortsetzung)

Tab. 8.6   (Fortsetzung)

| MM.JJJJ – MM.JJJJ | Unternehmen inkl. Gesellschaftsform, Unternehmensstandort |
| | Ausbildung zur Ausbildungsberufsbezeichnung, z.B. IHK/HWK |

- Die Angabe von Abschlussnoten ist meist Geschmacksache, tendenziell verzichtet man darauf, da die Personalerin die Noten in den Anlagen zur Bewerbung sehen kann.
- Ausnahme sind Branchen/Berufe wie z.B. beim juristischen Staatsexamen, bei dem die Noten noch eine entscheidende Rolle spielen.

☐ Auslandsaufenthalte

- Haben Sie alle mehrmonatigen Auslandsaufenthalte entweder integriert oder in einem extra Punkt aufgeführt?

IT- und Sprachkenntnisse

- Haben Sie alle relevanten IT- und Sprachkenntnisse mit nachvollziehbaren Angaben zum Umfang Ihrer Kenntnisse versehen?

Deutsch	Muttersprache
Englisch	verhandlungssicher C1+
Französisch	sehr gut B2
Schwedisch	gut B1
MS Office	sehr gute Anwenderkenntnisse (inkl. Visual Basic)
Spezialsoftware	Zertifikat in …
Spezialsoftware	erweiterte Anwenderkenntnisse
Java Script	gute Programmierkenntnisse
Python	Grundkenntnisse in der Programmierung

☐ Ehrenamtliches Engagement / außeruniversitäre Aktivitäten

- Ihr Engagement sagt viel über Sie aus. Hier gilt das Prinzip: Tue Gutes und rede darüber

MM.JJJJ – heute	Organisation, Ort
	Bezeichnung Ihres Engagements
	• ggf. kurze Beschreibung
MM.JJJJ – MM.JJJJ	Teilnahme an einem Programm (z.B. Mentoring)
	Ihre Rolle
	• ggf. kurze Beschreibung

(Fortsetzung)

Tab. 8.6 (Fortsetzung)

☐	Hobbys	
	–	Auch wenn es nicht meinem persönlichen Geschmack als Personaler entspricht, können Sie Hobbys angeben.
☐	Sonstiges	
	–	Streichen Sie diesen Punkt. Entweder sind diese Inhalte wichtig genug, um Platz unter einer der anderen Überschriften zu finden oder sie können getrost weggelassen werden.
☐	Datum und Unterschrift	
	–	Stimmt das Datum Ihres CV mit dem Ihres Anschreibens überein?
	–	Eine eingescannte Unterschrift ist schön aber kein Muss.
☐	Machen Sie im CV keine Angaben, ob Sie Kinder, egal in welchem Alter haben. Ihre Familienplanung hat im Bewerbungsprozess nichts verloren. Es ist zurecht Ihre Privatsache und eine potenzielle Arbeitgeberin muss davon ausgehen, dass Sie Ihre Planungen hier im Griff haben. Noch besser: Die Arbeitgeberin bietet eine entsprechende Arbeitsorganisation und Infrastruktur, die Sie und Ihre Familie unterstützt (z. B. unternehmenseigene KITA, flexible Arbeitszeit- und -ortsmodelle)	

8.8.7   Checkliste CV

8.8.8   Beispiel für einen CV

Vorname Nachname	Beispielstr. 23
	12345 Zufallsort
	0123/456 789 000
	klar.name@provider.de
	geb. am tt.mm.yyyy in Lazy Town
	Deutsche Staatsangehörigkeit
	Ggf. Arbeits-/Aufenthaltserlaubnis
Persönlicher Werdegang – CV	
Berufliche und praktische Erfahrung	
10.2022–12.2022	**Praktikum als [genaue Bezeichnung]**
	bei Unternehmen x
	• Wichtige Tätigkeiten 1
	• Wichtige Tätigkeiten 2
	• Wichtige Tätigkeiten 3

08.2021–08.2022	**Werkstudentin im Bereich [genaue Bezeichnung]** bei Unternehmen y • Wichtige Tätigkeiten 1 • Wichtige Tätigkeiten 2 • Wichtige Tätigkeiten 3

Auslandserfahrung

04.2021–06.2021	**Auslandspraktikum im Land in der Stadt** bei Unternehmen y • Wichtige Tätigkeiten 1 • Wichtige Tätigkeiten 2 • Wichtige Tätigkeiten 3
10.2019–02.2020	**Auslandssemester im Land in der Stadt** an der University of xyz • Schwerpunkt 1 • Schwerpunkt 2

Akademische und schulische Ausbildung

Seit 10.2022	**Master im Fach** an der University of xyz • Schwerpunkt 1 • Schwerpunkt 2
10.2018 02.2022	**Bachelor im Fach** an der University of xyz • Schwerpunkt 1 • Schwerpunkt 2
05.2017	**Allgemeine Hochschulreife** Name der Schule

Sprachkenntnisse

Deutsch	Muttersprache
Englisch	C1
Französisch	B2
Schwedisch	B1

IT-Kenntnisse

Officeprogramme	Erweiterte Anwenderkenntnisse
Programmiersprache xyz	Grundlegende Programmierkenntnisse

Persönliches Engagement und Interessen

2017	Freiwilliges Soziales Jahr in … / bei …
seit 2015	Schreiben eines Blogs zum Thema …
seit 2010	Mitglied im Verein xyz als Schriftführerin

Ort, Datum Unterschrift

Hinweis: Die Tabellengrenzen wurden hier zur besseren Demonstration sichtbar gelassen. Sie können diese auch teilweise unsichtbar machen, um ein schöneres Layout zu erzielen.

8.9 Zeugnisse und Zertifikate

Bei Zeugnissen sind schulische/akademische, Arbeits- und Zeugnisse der Fort- und Weiterbildung zu unterscheiden. Achten Sie bei der Auswahl und Zusammenstellung für Ihre Bewerbung darauf, dass der Gesamtumfang inkl. Anschreiben und CV nicht deutlich mehr als 20 Seiten umfasst.

8.9.1 Schulische und akademische Zeugnisse

Je weiter Sie im Studium voranschreiten und je mehr bewertete akademische Leistungen Sie sammeln, desto weniger wichtig werden Ihre Schulzeugnisse. Legen Sie stets nur das Abschlusszeugnis der höchsten weiterführenden Schule bei. Im Falle eines vorhandenen Berufsabschlusses ist ein Zeugnis Ihres Ausbildungsbetriebes dem Berufsschulzeugnis vorzuziehen. Ihre Leistungen im Unternehmen sind dem Personaler wichtiger. Machen Sie sich bei den Schulzeugnissen nicht zu viele Gedanken um Noten. Eine wachsende Zahl von Personalerinnen orientiert sich an anderen Punkten Ihres Erwachsenenlebens als an Ihren Schulnoten aus der Jugend.

Rechtfertigen Sie sich niemals für Ihre Noten. Wenn man Sie zum Gespräch eingeladen hat, ist man an Ihnen als Person, nicht an Ihren Noten interessiert. Werden Sie dennoch darauf angesprochen, reagieren Sie souverän und erläutern die anderen Schwerpunkte (z. B. Praktika, Nebenjob, Ausland …), die Sie in dieser Zeit gesetzt haben.

Sobald Sie ein Bachelor zeugnis, ein Zwischenprüfungszeugnis oder einen gut gefüllten Notenspiegel haben, können Sie das Zeugnis der Hochschulreife weglassen. Es sei denn, es ist explizit in der Stellenausschreibung gefordert.

Nach dem Master reichen in den meisten Fällen das Bachelor- und das Masterabschlusszeugnis, ggf. ergänzt durch Zertifikate von Auslandssemestern (Tab. 8.7).

8.9.2 Arbeitszeugnisse

Arbeitszeugnisse sind eine mitteleuropäische Spezialität und eine zunehmend komplexere Wissenschaft. Die Notengebung ist stark verklausuliert und oft nur schwer nachzuvollziehen. In vielen Fällen sagen Arbeitszeugnisse mehr über die Verfasserin als die bewertete Arbeitnehmerin aus. Diese kleine Checkliste aus Sicht der Personalerin soll Ihnen dennoch Orientierung geben, wie Sie ein Arbeitszeugnis lesen und bewerten.

Als Personaler achte ich bei Arbeitszeugnissen besonders auf folgende Punkte:

- Ist es in sich stimmig und realistisch oder hat man das Gefühl, es wird jemand „weggelobt"?
- Gibt es herausragende Leistungen, die erwähnt werden („… besonders hervorzuheben ist …")?

Tab. 8.7 Checkliste Referenzen

☐	Promotionsurkunde und -zeugnis: obligatorisch, falls vorhanden
☐	Masterzeugnis: obligatorisch, falls vorhanden
☐	Bachelorzeugnis: obligatorisch, falls vorhanden
☐	Notenspiegel / Zwischenprüfungsleistungen: Je mehr Leistungsbewertungen darin enthalten sind, desto wichtiger wird es im Vergleich zur Hochschulreife.
☐	Zeugnis der Hochschulreife: Je mehr akademische Leistungen Sie bereits erbracht haben, desto unwichtiger wird das Zeugnis. Spätestens nach dem Bachelor kann es in den meisten Fällen weggelassen werden.
☐	Berufsschulzeugnis: Wichtiger als Ihr Berufsschulzeugnis wäre ein Arbeits- / Ausbildungszeugnis Ihres Ausbildungsbetriebs

- Stimmt das Zeugnisdatum mit dem Datum des Endes des Arbeitsverhältnisses überein?
- Gibt es eine Dankes- und Bedauerns- und Zukunftsformel im Zeugnisabschluss („… zu unserem Bedauern verlässt uns … wir bedanken uns für die stets gute Zusammenarbeit … und wünschen ihr für die berufliche und private Zukunft alles Gute …")?

Jede Arbeitnehmerin, jede Praktikantin hat einen rechtlichen Anspruch auf ein Arbeitszeugnis, unabhängig davon, wie lange das Beschäftigungsverhältnis dauerte. Die Arbeitgeberin ist dazu verpflichtet, Ihnen ein wahrheitsgemäßes und wohlwollendes Zeugnis auszustellen, das Sie in Ihrem beruflichen Fortkommen nicht behindert. Ab und an stehen die Begriffe wohlwollend und wahrheitsgemäß im Widerspruch. Denn ein wahrheitsgemäß mittelmäßiges oder gar schlechtes Zeugnis wirkt nicht wohlwollend und kann Ihr berufliches Weiterkommen durchaus behindern. Aus diesem Widerspruch hat sich bereits erwähnte, verklausulierte Zeugnissprache entwickelt, in der selbst die Note vier bis fünf noch gut klingt. Zudem werden vor den Arbeitsgerichten viele Prozesse um Zeugnisnoten und -formulierungen ausgefochten. Tendenziell entscheiden die Gerichte zugunsten der Arbeitnehmerin, nach der Faustregel: Im Streitfall muss die Arbeitnehmerin gute bis sehr gute Leistungen nachweisen können. Umgekehrt muss die Arbeitgeberin konkret darlegen können, warum eine Mitarbeiterin nur eine mittelmäßige oder schlechte Bewertung erhält. Die meisten Arbeitgeberinnen wollen Zeugnisstreitereien vermeiden und stellen daher in den meisten Fällen gute bis sehr gute Zeugnisse aus. Die Aussagekraft von Arbeitszeugnissen schwindet damit. In meiner Arbeit als Personaler ist für mich daher stets der Gesamteindruck des Zeugnisses entscheidend. Eine authentische

Note Zwei, die besondere Leistungen einer Mitarbeiterin herausstellt, ist dabei oft besser als ein Einserzeugnis ohne besondere Höhepunkte. Besonders wichtig ist die oben genannte Schlussformel. Denn sie ist eines der wenigen Elemente, die man als Arbeitnehmerin vor Gericht nicht erstreiten kann.

Wenn Sie für eine aktuelle Stelle noch kein Zeugnis/Zwischenzeugnis haben oder dieses nicht beantragen wollen und Ihr letztes anderes Zeugnis weiter zurückliegt, schreiben Sie ins Anschreiben, dass Sie ggf. ein Zwischenzeugnis beantragen und nachreichen (Tab. 8.8).

8.9.3   Persönliche Referenzen

Vor allem im internationalen Kontext sind persönliche Referenzen oder sog. „Letters of Recommendation" weiterverbreitet. Für sie gelten weit weniger formale Bestimmungen als für Arbeitszeugnisse. Die Bewertung fällt mangels Standardisierung schwerer. Auf der anderen Seite aber sind sie persönlicher Ausdruck der Wertschätzung für eine ehemalige Mitarbeiterin und man darf die positiven Worte darin in den meisten Fällen wörtlich nehmen.

Eine persönliche Referenz erhalten Sie nicht nur von Unternehmen, sondern auch direkt von ehemaligen Führungskräften, Mentorinnen oder Personen, mit denen Sie beruflich über einen längeren Zeitraum gearbeitet haben.

Es lohnt sich, in professionellen Netzwerken wie LinkedIn oder XING Ihnen wichtige Kontakte um eine persönliche Empfehlung und/oder Bestätigung Ihrer Kenntnisse zu bitten.

Anders als beim Arbeitszeugnis ist niemand dazu verpflichtet, Ihnen eine persönliche Referenz auszusprechen. Von daher ist diese ungleich wertvoller als ein standardisiertes Arbeitszeugnis.

Ein paar Dinge sollten Sie bei einer persönlichen Referenz aber dennoch beachten (Tab. 8.9):

8.9.4   Zeugnisse zur Fort- und Weiterbildung

Treffen Sie hier eine gute Auswahl von Zeugnissen und Zertifikaten, die gut zur Stelle passen, auf die Sie sich bewerben. Achten Sie darauf, dass Ihre digitale Bewerbungsmappe nicht mehr als ca. 20 Seiten umfasst (Tab. 8.10).

Tab. 8.8 Checkliste Arbeitszeugnisse

☐	Trägt das Zeugnis die Überschrift „Arbeitszeugnis", „Praktikumszeugnis" oder „Zwischenzeugnis"?
☐	Einleitung - Sind im ersten Satz Angaben zu Ihrer Person enthalten: vollständiger Name, Geburtsdatum? - Ist Ihre Tätigkeitsbezeichnung exakt angegeben? - Ist die Beschäftigungsdauer korrekt angegeben → stimmen diese mit Ihren Angaben im CV überein?
☐	Positionen - Falls Sie in einem Unternehmen mehrere Stationen hatten, verschiedene Positionen bekleidet haben, sind diese richtig und vollständig aufgeführt?
☐	Tätigkeitsbeschreibungen - Wird verständlich und genau beschrieben, was Sie im Unternehmen an Aufgaben übernommen haben? - Relevant sind die Tätigkeiten, die Sie tatsächlich übernommen haben, ggf. auch über Ihren ursprünglichen Arbeitsvertrag hinaus.
☐	Leistungsbeurteilung - Werden Ihre fachlichen Kompetenzen positiv beurteilt? Das Wort „stets" ist ein Hinweis für eine sehr gute Leistung. - Werden Ihre persönlichen Kompetenzen gewürdigt? Achten Sie darauf, dass darunter keine Selbstverständlichkeiten wie Pünktlichkeit sind. - Wird Ihr Fachwissen und Ihre Fähigkeit zu dessen Anwendung beurteilt? - Wird ggf. Ihre unternehmensinterne Fort- und Weiterbildung berücksichtigt?
☐	Zusammenfassende Bewertung - Gibt es eine zusammenfassende Bewertung Ihrer Leistungen? - „stets zu unserer vollsten Zufriedenheit" = sehr gut - „stets zu unserer vollen Zufriedenheit" = gut bis sehr gut - „zu unserer vollen Zufriedenheit" = gut
☐	Ende des Arbeitsverhältnisses

Tab. 8.8 (Fortsetzung)

	- Ist das korrekte Datum des Endes der Arbeitsbeziehung angegeben und stimmt es mit dem Ausstellungsdatum des Zeugnisses überein? - Ist es ein gerades Datum zur Monatsmitte oder zum Monatsende oder im Falle einer Befristung das entsprechende Datum? Krumme Daten sind ein Zeichen für eine fristlose Kündigung. - „… verlässt uns zum … auf eigenen Wunsch" – Sie haben gekündigt - „… endet zum … im besten gegenseitigen Einvernehmen …" – Sie haben einen Aufhebungsvertrag geschlossen. Auch hier gelten krumme Daten als Alarmzeichen für ein ungutes Ende. - „… trennen wir uns von …" – Sie wurden gekündigt. - „… mit Ende der vereinbarten Vertragslaufzeit …" Sie haben einen befristeten Vertrag erfüllt.
☐	Dankes- und Bedauernsformel sowie Zukunftswünsche - Enthält Ihr Zeugnis diese Formel, in der man Ihr Ausscheiden bedauert, sich bei Ihnen bedankt und Ihnen alles Gute für die Zukunft wünscht?

Tab. 8.9 Checkliste persönliche Referenz

☐	Ist die Person, die die Referenz gibt, in entsprechender „wichtiger" Position?
☐	Ist das Schreiben fehlerfrei?
☐	Eine persönliche Referenz enthält in der Einleitung eine kurze Beschreibung der Art und Dauer Ihrer Beziehung zur Referenzgeberin.
☐	Ihre Referenzgeberin hebt hervor, welche persönlichen, sozialen und fachlichen Kompetenzen sie an Ihnen schätzt, am besten mit möglichst konkreten Beispielen.
☐	Abschließen sollte das Referenzschreiben mit einer Empfehlung für Sie für bestimmte Positionen / Stellen / Aufgaben.
☐	Steht die Person für Nachfragen zur Verfügung und hat Kontaktdaten hierfür angegeben?

Tab. 8.10 Checkliste Zeugnisse Fort- und Weiterbildung

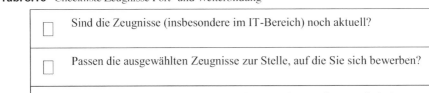

	Sind die Zeugnisse (insbesondere im IT-Bereich) noch aktuell?
	Passen die ausgewählten Zeugnisse zur Stelle, auf die Sie sich bewerben?
	Geben die Zeugnisse eine relevante / renommierte Leistung wieder? - Renommierte Bildungsinstitution - Hinreichender Umfang der Fort- und/oder Weiterbildung

8.10   Zusammenstellung und Versenden der Unterlagen

Bei der Zusammenstellung der Bewerbungsmappe sollten Sie daran denken, dass die Personalerin täglich Dutzende Bewerbungen auf unterschiedliche Stellen zu sichten hat. Sie sollten also einen guten ersten Eindruck damit machen, dass Sie ihr das Leben nicht unnötig schwer machen (Tab. 8.11).

Am wichtigsten ist es, die Stellenanzeige dahingehend genau durchzulesen, welche Dokumente in welcher Form gewünscht werden.

8.11   LinkedIn-/Xing-Pofil und Bewerbung über diese Medien

Unternehmen nutzen zunehmend XING und LinkedIn als Rekrutierungswege. Diese professionellen Netzwerke haben den Vorteil, dass nicht nur Sie sich bewerben können, sondern dass auch Unternehmen auf Sie aufmerksam werden und Sie kontaktieren können. Ein gut gepflegtes Onlineprofil ist heute – leider um den Preis der Öffentlichkeit Ihrer Daten – im Recruiting ein Must-have.

Der Unterschied zwischen XING und LinkedIn ist schnell erklärt. Während XING im deutschsprachigen DACH-Raum noch (!) führend ist, hat LinkedIn international die Nase vorn. Zögern Sie vor einer Bewerbung nicht, sich mit Unternehmensvertreterinnen zu vernetzen, um konkrete Fragen zu Ihrem Bewerbungsvorhaben zu stellen. Fragen Sie auf den Netzwerken aktive Recruiterinnen nach Tipps zur Bewerbung. Es ist ein guter Door Opener, wenn Sie sich bei der Bewerbung auf diesen Kontakt beziehen. Es zeigt, dass Sie sich aktiv mit dem Unternehmen auseinandergesetzt haben.

Zudem bieten immer mehr Unternehmen an, dass man sich direkt über die professionellen Netzwerke bewerben kann. Dieser Bewerbungsweg ist gleichwertig mit anderen Bewerbungsformen (Tab. 8.12).

Tab. 8.11 Zusammenfassung Bewerbungsunterlagen

☐	Haben Sie Ihre Unterlagen in einem PDF-Dokument zusammengefasst?
	
	    - Anschreiben
	    - CV
	    - Referenzen
	
	Senden Sie die Dokumente ausschließlich als PDF. Nur so ist gewährleistet, dass Ihre Bewerbung auch auf dem Rechner des Unternehmens genauso aussieht wie auf Ihrem.
	
	    - Senden Sie keine zip-Datei!
	    - Senden Sie alles als eine Datei!
	
	Alternativ können Sie Ihr Anschreiben auch in die Email schreiben. In diesem Fall brauchen Sie es nicht noch einmal in die PDF Datei integrieren.

☐	Haben Sie sich bei der Dateigröße an die Vorgaben aus der Stellenanzeige gehalten? - in der Regel zwischen 2 und 5 Mbyte
☐	Haben Sie alle Dokumente in die Bewerbung integriert, die gefordert werden?
☐	Versenden Sie Ihre Bewerbung über den Email-Account, den Sie auch in Ihren Unterlagen angeben.

☐	Bleiben Sie in Ihrer Email förmlich.
	
	    - Sehr geehrte*r Frau/Herr
	    - Mit freundlichen Grüßen

8.12   Weitere Social-Media-Ressourcen: Facebook, Instagram, TikTok, Twitter und Co.

Einige Unternehmen haben auch diese sozialen Medien als Recruitingquelle entdeckt. Auch wenn Arbeitgeberinnen hier „locker" und „up to date" wirken wollen, behalten Sie bitte stets bei einer Interaktion im Hinterkopf: Es handelt sich um eine professionelle Kommunikation. Sie interagieren mit Ihrer möglicherweise nächsten Arbeitgeberin. Duzt Sie z. B. das Unternehmen, können Sie ebenfalls duzen. Im Zweifel wählen Sie zur Sicherheit die Sie-Form.

Achten Sie auf einen stimmigen, professionellen Gesamteindruck Ihrer Person, Ihrer Persönlichkeit im Internet. Personalerinnen googlen gerne und ausführlich. Bei dem, was Sie im Netz über sich preisgeben, gilt: Weniger ist meist mehr!

Tab. 8.12 So gestalten Sie Ihr Onlineprofil richtig

☐	Professionelles Profilbild: Während das Bild im CV auf dem Rückzug ist, ist es in den genannten professionellen Netzwerken wichtig. Präsentieren Sie sich seriös auf diesem Bild. Wählen Sie zudem einen ansprechenden und reizarmen Banner-Hintergrund.
☐	Profilüberschrift: Geben Sie Ihrem Profil eine ansprechende Überschrift, die Ihre Expertise auf den Punkt bringt.

☐	Schreiben Sie eine kurze Zusammenfassung Ihres Werdegangs.
	  - Welche beruflichen Stationen haben Sie wie geprägt?
	  - Welche Ausbildungen/Spezialisierungen bringen Sie mit?
	  - Was zeichnet Sie als Person im Arbeitskontext aus (soziale und personale Kompetenzen)?

☐	Übernehmen Sie in chronologischer, monatsgenauer Reihenfolge alle beruflichen Stationen aus Ihrem CV. Ihre Angaben in CV und Profil müssen identisch sein.
☐	Nennen Sie im Profil an den entsprechenden Stellen Ihre persönlichen, sozialen, fachlichen und methodischen Kompetenzen.
☐	Bitten Sie ehemalige und aktuelle Kolleginnen und Führungskräfte um Bestätigung dieser Kompetenzen.
☐	Personen, denen Sie beruflich in besonderer Weise verbunden sind, können Sie darum bitten, Ihnen eine persönliche Referenz zu schreiben.
☐	Beteiligen Sie sich an professionellen Diskussionen, lesen und liken Sie Artikel und Beiträge.
☐	Meiden Sie hier politische Diskussionen mit populistischem Anstrich. Professionelle Netzwerke eignen sich anders als andere soziale Plattformen nur sehr bedingt für scharfe politische und weltanschauliche Diskurse.
☐	Halten Sie Ihr Profil auf dem Laufenden.
☐	Wahren Sie die Netikette.
☐	Wahren Sie förmliche Umgangsformen, wenn Sie auf neue Kontakte zu gehen. Schreiben Sie eine kurze Nachricht, warum Sie sich mit wem vernetzen wollen.

(Fortsetzung)

Tab. 8.12 (Fortsetzung)

☐	Nehmen Sie vor jeder Bewerbung mit einer Recruiterin / einer Human Resources Managerin / einer Vertreterin des Hochschulmarketing Kontakt auf. Stellen Sie konkrete Fragen zum Unternehmen und Ihrem Bewerbungsvorhaben. Im Anschreiben können Sie sich auf diesen Kontakt beziehen, was ein sehr guter Door-Opener ist.

8.13 Eigene Bewerbungsseite/Webseite/Blog

Mit einer eigenen Webseite (Tab. 8.13) und Domain können Sie sich von anderen Bewerberinnen abheben und Ihre technische Affinität und ihr Wissen um Internet und soziale Medien unter Beweis stellen. Es gibt inzwischen einige Anbieter, die es Ihnen ermöglichen, ohne Vorkenntnisse eine gut strukturierte eigene Seite zu erstellen. Zudem ist eine E-Mail-Adresse mit eigener Domain (vorname.nachname@nachname.de) ein charmantes Feature.

Wenn es ein Thema gibt, das Sie mit Leidenschaft verfolgen, kann es lohnend (aber zugleich aufwendig) sein, einen eigenen Blog dazu zu gestalten und regelmäßig mit Content zu befüllen.

Tab. 8.13 So gestalten Sie eine eigene Webseite richtig

☐	Einfaches und klares Design mit einer guten Navigation.
☐	„Built for Smartphones": Orientieren Sie sich bei der Gestaltung an der Lesbarkeit auf Smartphones und Tablets.
☐	Heben Sie Ihre Fähigkeiten und Kenntnisse mit konkreten Beispielen hervor. Idealerweise verlinken Sie zu den hier relevanten Unternehmen und Organisationen.
☐	Laden Sie keine Zeugnisse oder Arbeitszeugnisse hoch. Wenn Sie es dennoch tun, verwenden Sie einen kennwortgeschützten Bereich. In der Regel können Sie darauf aber verzichten, weil der Zugriff mit Kennwort für Unternehmen, bei denen Sie sich bewerben zu umständlich ist.
☐	Einmal im Netz sollten Sie die Seite immer aktuell halten.
☐	Verlinken Sie zu Ihren anderen Online Profilen.

Tab. 8.14 Liste Ihrer Bewerbungen

Datum:	Unternehmen:	Stellenbezeichnung:	Stelle ausgeschrieben bis:	Zwischenbescheid erhalten am:	Status:
					☐ Zwischenbescheid ☐ Absage ☐ Zusage ☐ Interview am:

8.14 Bewerbungsliste

Es empfiehlt sich in jedem Fall, eine Liste mit den Bewerbungen zu führen, die Sie versandt haben. So behalten Sie den Überblick, finden ggf. schnell die richtige Ansprechpartnerin und können schnell reagieren, wenn Sie Antwort auf eine Bewerbung erhalten (Tab. 8.14).

8.15 Bewerbungsgespräche

In den folgenden Unterkapiteln finden Sie Hinweise zur Vorbereitung auf Bewerbungsgespräche. Vorab und zu Beginn möchte ich Ihnen den Tipp einer Studentin mit auf den Weg geben:

Malen Sie sich aus, wie Ihr Bewerbungsgespräch am schlimmsten misslingt. Was können Sie möglichst falsch machen …? Und notieren und tun Sie das Gegenteil.

Die Verschlimmerungsfrage ist eine einfache, gleichwohl beliebte, weil sehr wirksame Methode aus dem Coaching und der sozialen Arbeit.

Weiter möchte ich die sehr wichtige Frage von einer anderen Studentin voranstellen: Wie wichtig ist es, authentisch zu sein und zu bleiben?

Authentizität ist das Wichtigste im Bewerbungsprozess. Es bringt weder Ihnen noch dem Unternehmen etwas, sich während der Bewerbungsphase zu verstellen. Natürlich geht es in der BeWERBUNG auch um Werbung. Auf beiden Seiten will man sich in einem guten Licht präsentieren und überzeugend sein. Die Grenze zwischen Umwerben und Täuschen verläuft hier entlang des Wortes „Wertschätzung". Bei einem gut vorbereiteten und durchgeführten Interviewsetting fühlen Sie sich in allen Phasen der Bewerbung wohl und als Person auf Augenhöhe wertgeschätzt. Umgekehrt sollten Sie sich auch dem Unternehmen gegenüber authentisch präsentieren. Denn gegenüber sitzen Ihnen künftige Kolleginnen und Führungskräfte, mit denen Sie künftig täglich arbeiten wollen.

Den Feinheiten von Bewerbungsprächen wenden wir uns in den folgenden Kapiteln zu.

8.15.1 Klassische Bewerbungsgespräche vor Ort

Obwohl kein Bewerbungsgespräch dem anderen gleicht, gibt es folgenden prototypischen Verlauf. Um sich gut auf ein Bewerbungsgespräch vorzubereiten, üben Sie es gemeinsam mit einer Freundin als Rollenspiel. Wichtig ist, dass Sie die Situation eines Bewerbungsgesprächs nicht nur theoretisch durchsprechen, sondern live in die entsprechenden Rollen der Bewerberin und der Interviewerin schlüpfen. Wechseln Sie auch die Rollen und versetzen Sie sich so in die Situation des Unternehmens.

1. Begrüßung der Bewerberin: Üben Sie hier wichtige und nicht zu unterschätzende Basics, wie die richtige Begrüßung, den richtigen Händedruck und den positiven Small Talk zu Beginn, über die gute Anreise, das Wetter oder Ähnliches.
2. Die Bewerberin erzählt über ihre persönliche Situation, über ihre schulische, akademische und berufliche Entwicklung: Hier punkten Sie, wenn Sie sich gut in Ihrem eigenen Leben(slauf) auskennen. Üben Sie hier, wie Sie in fünf Minuten einen gut strukturierten, positiven und authentischen Einblick in Ihr bisheriges Leben geben. Üben Sie es vorab, Ihren Werdegang strukturiert in ca. zwei Minuten einer Person zu schildern.
3. Die Interviewerin gibt Informationen über das Unternehmen: In dieser Phase des Interviews gibt die Personalerin/die potenzielle Vorgesetzte Informationen über das Unternehmen und die Position. Üben Sie hier aktives Zuhören, ggf. Mitschreiben und bei weiterführendem Interesse an bestimmten Punkten Nachfragen.
4. In der Dialogphase des Interviews: Lassen Sie immer wieder einfließen, was Sie am Unternehmen und an der Stelle begeistert und wie Sie sich planen einzubringen.
5. Vertragsverhandlungen: Bei den Verhandlungen geht es nicht nur um die Gretchenfrage des Gehalts, sondern auch um den zeitlichen und organisatorischen Einstieg ins Unternehmen. Beim Gehalt empfiehlt es sich, im Vorfeld zu recherchieren, wie viel man in der entsprechenden Branche zum Berufseinstieg verdient.
6. Abschluss des Gespräches: Der abschließende Eindruck, den Sie hinterlassen, ist fast so wichtig wie die Phasen zuvor. Hier runden Sie Ihr Erscheinungsbild ab. Fragen Sie ruhig, bis wann Sie mit einer Antwort rechnen können, und verabschieden Sie sich mit einem selbstbewussten Augenkontakt und Händedruck, auch wenn Sie glauben, es sei nicht optimal gelaufen.

Bleiben Sie bei sog. Stressfragen ruhig, überlegen Sie und geben Sie dann eine sachliche Antwort. Sie gewinnen Zeit, indem Sie offen sagen, mit dieser Frage hätten Sie jetzt nicht gerechnet, und um Zeit zum Überlegen bitten.

Zu den Fragen, die Stress erzeugen können, zählen die folgenden (Tab. 8.15):

In den letzten Jahren entwickeln sich Bewerbungsgespräche erfreulicherweise und immer mehr weg von Verhören hin zu einem authentischen Dialog mit dem Ziel, sich gegenseitig kennenzulernen und sowohl vonseiten der Arbeitgeberin als auch vonseiten der Bewerberin her festzustellen, ob man zusammenpasst oder nicht (Tab. 8.16).

Tab. 8.15 Typische Stressfragen

☐	Stärken und Schwächen: Hierzu haben Sie sich in den vorangegangenen Kapiteln bereits ausführlich Gedanken gemacht.
☐	Umgang mit Konflikten im Team oder als Führungskraft: Eignen Sie sich in der Fachliteratur Grundkenntnisse an. Besser noch: Besuchen Sie entsprechende Seminare ergänzend zu Ihrem Studium. Generell gilt: Konflikte wollen moderiert werden und von der Beziehungs- und emotionalen Ebene möglichst auf eine sachliche Ebene gebracht werden. Recherche-Tipps: Harvard-Prinzip / Nein sagen können / Grenzen setzen können / Konflikte moderieren.
☐	Schwierige Situation als Führungskraft, Umgang mit schwieriger Mitarbeiterin: Üben Sie hier mit Bekannten typische Situationen im Rollenspiel. - Konflikt um Urlaubsvergabe - Probleme mit der Leistung einer Mitarbeiterin - Hohe Ausfallzeiten Recherchetipp: Erste Führungsposition meistern. Hintergründe von Konflikten (Eisberg-Modell) erkennen und sachlich thematisieren / Feedback richtig geben (Kennen Sie das Sandwich-Feedback-Modell, überstrapazieren Sie es aber nicht. Denn Ihr Gegenüber (er)kennt es auch ;-)) .
☐	Wie viele Golfbälle passen in einen Golf? … Ja, auch diese Fragen gibt es ab und an. Meist sagen diese mehr über den Interviewer aus, als Ihre Antwort auf die Frage. Es gilt auch hier: Man will sehen, dass Sie die richtige Herangehensweise, die richtige Methode zur Lösung wählen. - Wie würden Sie das Volumen des Innenraums eines Golfs berechnen? Oder wo könnten Sie dies recherchieren? - Wie groß ist ungefähr ein Golfball? - Wie bringen Sie Volumen des Golfs und eines Golfballs mit Blick auf die Anzahl der möglichen Bälle in Verbindung? - …

Machen Sie sich als Bewerberin bewusst, dass sich auch das Unternehmen bei Ihnen als Arbeitgeberin bewirbt (Tab. 8.17). Hören Sie während und nach dem Gespräch auf Ihr Bauchgefühl. War es ein positives oder ein negatives Gefühl? Können Sie sich vorstellen, die nächsten Jahre fünfmal die Woche in diesem Unternehmen ein- und auszugehen und mit den Menschen, die Sie beim Gespräch kennengelernt haben, zusammenzuarbeiten?

Tab. 8.16 Fragen, die nichts in einem Bewerbungsgespräch zu suchen haben

☐	Familienplanung inkl. Schwangerschaft. Werden Sie danach gefragt, können Sie hier ggf. beliebige Angaben machen.
☐	Fragen nach Politik und Religion, es sei denn, Sie bewerben sich bei einer politischen oder religiösen Institution.
☐	Vorstrafen und finanzielle Verhältnisse, es sei denn eine Vorstrafe oder nicht geordnete finanzielle Verhältnisse schließen eine Einstellung zwingend aus (z.B., wenn Sie in einer Bank mit Geldbeständen arbeiten).

Tab. 8.17 Checkliste Vorbereitung auf ein Bewerbungsgespräch

☐	Prägen Sie sich die Namen und Positionen Ihrer Ansprechpartnerinnen beim Gespräch ein.
☐	Planen Sie Ihren Weg zum Ort des Bewerbungsgesprächs mit einem ordentlichen zeitlichen Puffer (Stau, Ausfall ÖPNV, etc.). Idealerweise machen Sie eine Probefahrt zur genannten Adresse.
☐	Für den Small Talk: Informieren Sie sich über das Unternehmen und einige seiner Rahmendaten. Sehen Sie sich auf der Webseite aktuelle Projekte an und/oder suchen Sie online nach aktuellen (positiven) Nachrichten über das Unternehmen.
☐	Machen Sie sich Gedanken darüber und fassen diese in Worte, welche Stärken und Qualifikationen Sie für die Stelle mitbringen und was Sie ggf. noch lernen wollen.
☐	Fassen Sie in Worte, wie Sie sich Ihre Arbeit im Unternehmen vorstellen und leiten Sie daraus ggf. auch Fragen ans Unternehmen ab.
☐	Formulieren Sie in ein bis zwei Sätzen, warum Sie sich für das Unternehmen und diese Stelle interessieren…
☐	…und welchen Mehrwert Sie dem Unternehmen bringen wollen.
☐	Seien Sie sich bewusst, dass alle Angaben – mit Ausnahme der unzulässigen – wahrheitsgemäß sein müssen.
☐	Spielen Sie das Bewerbungsgespräch mit einer Freundin als Rollenspiel durch und lassen Sie sich im Anschluss Feedback geben.

8.15.2 Jobinterviews online

Onlinebewerbungsgespräche haben den Vorteil, dass sie ortsunabhängig und zeitlich flexibler durchgeführt werden können. Seit 2020 (mit der Coronapandemie) führen Unternehmen häufig einen Mix aus Online- und lokalen Bewerbungsgesprächen durch. Zum Beispiel gibt es ein erstes Kennenlernen bei einem Onlineinterview und wenn

der erste Eindruck passt, wird die Kandidatin zu einem zweiten lokalen Interview eingeladen. Nehmen Sie dieses erste Kennenlernen online ernst. Denn der erste Eindruck
zählt auch online für den weiteren Bewerbungsverlauf sehr viel. Üben Sie Onlineinterviews mit Freundinnen und Bekannten. Um ein gutes Gefühl dafür zu bekommen,
nehmen Sie bei den Übungen auch die Position der Interviewerin ein (Tab. 8.18).

8.15.3 Caseinterviews online und offline meistern

Immer häufiger setzen Unternehmen im Bewerbungsprozess auch auf Case interviews
(Tab. 8.19). Hier werden Sie mit einem Problem/einer Fragestellung aus Ihrem künftigen
Arbeitsfeld konfrontiert. Das Wichtigste vorab: Man erwartet von Ihnen keine perfekte
Lösung. Vielmehr möchte man sehen, wie Sie an die Lösung eines Falls herangehen.

8.15.4 Upload von Videos auf Bewerberinnenportalen

Einige Bewerberinnenportale fordern Sie neben Texteingaben dazu auf, kurze
Bewerberinnenvideos zu bestimmten Fragestellungen aufzunehmen und hochzuladen.
Folgende Fragen/Themen können hier z. B. aufkommen:

- Kurze Selbstvorstellung in einer bis max. drei Minuten.
- Ihre Motivation für die Bewerbung.
- Fragen zu Stärken und Schwächen.
- Ihre relevanten Skills für die Stelle: fachlich, methodisch, sozial.
- Relevante Berufserfahrungen.
- Fragen zu Ihrer Persönlichkeit: Wie beschreiben Sie sich?/Wie würden Freunde Sie
  beschreiben?
- Kurze Cases mit der Frage nach einer kurzen und prägnanten Lösung.

Bei manchen Portalen können Sie die Videos korrigieren, während Sie bei anderen
Portalen nur eine Chance haben. Üben Sie also die Aufnahme von solchen Videos vorab.
Das ist generell auch eine gute Vorbereitung für persönliche Bewerbungsgespräche. Sie
können diese Videos z. B. Freunden zeigen und Sie um Feedback bitten (Tab. 8.20).

8.15.5 Dresscode: online und offline!

Beim Dresscode gibt es keinen Unterschied zwischen Online- und lokalem Interview.
Im Zweifel wählen Sie stets die förmlichere Variante. Branchen- und berufsübergreifend
bewegt man sich beim Bewerbungsgespräch zwischen Smart Casual und Business
Formal.

Tab. 8.18 So bereiten Sie sich ideal auf ein Onlineinterview vor

☐	Informieren Sie sich über das Unternehmen, seine Produkte, Strategie, Kultur …
☐	Verinnerlichen Sie vor dem Gespräch die Inhalte der ausgeschriebenen Stelle und wie Sie den genannten Anforderungen entsprechen.
☐	Bereiten Sie sich auf typische Interview-Fragen (s.a. Kap. 6.11.1.) vor: Beschreibung Ihres Werdegangs, Ihre Kompetenzen und Stärken mit konkreten Beispielen belegt …
☐	Informieren Sie sich, welche Anwendung (Zoom, Teams, …) für das Interview verwendet wird und üben Sie vorab den Umgang damit…
☐	…zum Beispiel, wie Sie Ihren Screen richtig sharen und/oder Add-ons wie das digitale Whiteboard richtig nutzen.
☐	Sorgen Sie für eine stabile und starke Internetverbindung.
☐	Wählen Sie einen ruhigen Ort aus, an dem Sie während des Interviews nicht gestört werden können.
☐	Suchen Sie sich einen professionellen / neutralen, ggf. virtuellen Hintergrund aus.
☐	Testen Sie Ihre Kamera und Ihr Mikrofon. Ein Headset ist empfehlenswert, da das Mikrofon Hintergrundgeräusche besser herausfiltert.
☐	Ziehen Sie sich an, wie Sie sich für ein lokales Interview anziehen würden.
☐	Legen Sie Unterlagen wie Ihre Bewerbung und die Stellenausschreibung in greifbare Nähe.
☐	Haben Sie Notizblock und funktionierenden Stift griffbereit.
☐	Bereiten Sie Ihre Fragen vor, die Sie den Gesprächspartnerinnen stellen wollen.
☐	Notieren Sie die Namen Ihrer Gesprächspartnerinnen und sprechen Sie diese immer wieder namentlich an.
☐	Seien Sie pünktlich! Loggen Sie sich ca. 5 Minuten vor dem Termin ein.
☐	Achten Sie auf Ihre Körpersprache: Sitzen Sie aufrecht mit angemessenem Abstand zur Kamera. Im Bild sollten Ihr Kopf, Ihr Hals, Ihre Schultern und der obere Teil Ihrer Arme zu sehen sein. (Zu nah an der Kamera zu sitzen, wirkt bedrohlich)
☐	Schauen Sie während des Interviews der angesprochenen Person in die Augen. Wählen Sie daher eine Frontalposition zur Kamera.

Tab. 8.19 So meistern Sie Case interviews

☐	Recherchieren Sie im Internet / in der Onlinenachrichten-Recherche: Welche Themen/Fragestellungen sind für das Unternehmen aktuell relevant? Welchen Einfluss haben diese ggf. auf den Arbeitsbereich, in den Sie sich bewerben?
☐	Halten Sie etwas zum Schreiben parat, um sich Notizen zu machen und/oder der Fragestellerin etwas zu skizzieren. Im Falle eines Onlineinterviews: Seien Sie bereit, Ihren Screen mit Ihren Notizen/Skizzen zur Lösung zu sharen.
☐	Schauen Sie bei der Darstellung Ihrer Lösungsskizze Ihrem Gegenüber (auch online) in die Augen.
☐	Arbeiten Sie gerne mit Gesten, um Lösungen zu skizzieren.
☐	Stellen Sie Ihre Fragen zur weiteren Klärung der Case-Situation.
☐	Gehen Sie strukturiert an die Lösung des Cases. Dabei empfehlen sich Herangehensweisen wie die Eisenhower-Methode (Strukturierung der Lösung nach Wichtigkeit und Dringlichkeit), die SWOT-Analyse (Stärken, Schwächen, Chancen, Herausforderungen), KAIZEN (Denken vom Kundennutzen her), Feature-Tree (Eigenschaften eines Produkts und Optimierungsansätze für diese), …
☐	Fragen Sie immer nach Feedback und was Sie ggf. bei einem Case hätten besser machen können.
☐	Siehe auch das Kapitel zum Assessment Center.

Tab. 8.20 Vorbereitung auf Bewerbungsvideos

☐	Üben Sie, sich selbst kurz und prägnant in max. 3 Minuten vorzustellen.
☐	Machen Sie Probeaufnahmen zu den oben genannten Beispielfragen.
☐	Wählen Sie den gleichen Dresscode wie für ein klassisches Interview.
☐	Wählen Sie wie beim Online-Interview einen ruhigen Ort.
☐	Checken Sie vorab Ihr technisches Equipment: Headset, Internetverbindung, Kamera
☐	Positionieren Sie Ihre Kamera so, dass Sie gut sichtbar sind und achten Sie auch auf Ihre Mimik und Gestik.
☐	Bleiben Sie auch hier authentisch.

Neben den Erwartungen des Unternehmens spielt es auch eine wesentliche Rolle, dass Sie sich in Ihrer Kleidung wohlfühlen. Einen ersten Hinweis darauf, was ein Unternehmen von Ihnen erwartet, finden Sie, wenn Sie sich die Webseite ansehen: Wie sind im Careerbereich der Webseite die Personen gekleidet? Daran können Sie sich orientieren.

Smart Casual: Blazer, Hemd/Bluse, Stoffhose, keine Krawatte

Business Casual: Blazer, Hemd/Bluse, Stoffhose, Krawatte

Business Formal: Anzug mit Krawatte/Kostüm

Wenn Sie den Dresscode eines Unternehmens recherchieren, nutzen Sie diese Momente auch, um sich hineinzufühlen, ob Sie sich in dieser Kleidung Montag bis Freitag wohlfühlen können. Denn der Dresscode ist ein wesentlicher Teil der Unternehmenskultur.

8.16 Intelligenz-, Persönlichkeitstests und Co.

„Augen zu und durch!" Die Art und Schärfe der Tests sagen oft mehr über die potenzielle Arbeitgeberin aus als über Sie. Bei Intelligenztests schneiden diejenigen signifikant besser ab, die solche Tests im Vorfeld geübt haben. Persönlichkeitstests, insbesondere in stressigen, bewusst und unbewusst hochreflektierten psychischen Stresssituationen wie während einer Bewerbung haben einen Bias zur sozialen Erwünschtheit bei den Antworten. Ob Sie wollen oder nicht, tendenziell geben Sie an, was Sie glauben, das das Unternehmen hören will.

Sie können IQ-Tests googlen und üben. Informieren Sie sich im Vorfeld online über Persönlichkeitstests wie MBTI, DISG, BigFive etc. (und deren Grenzen).

8.17 Assessmentcenter

Ergänzend zu einem Jobinterview oder statt eines Jobinterviews veranstalten einige Unternehmen sog. Assessmentcenter, in denen Sie sich meist mit anderen Teilnehmerinnen im Rahmen verschiedener Übungen, Fragerunden, Einzel- und Teamaufgaben und/oder Fallstudien unter Beweis stellen sollen. Das Unternehmen verspricht sich davon einen authentischen Eindruck, wie Sie an Probleme im Team und in der Einzelarbeit herangehen. Dabei geht es selten darum, die perfekte Lösung zu finden, sondern darum, wie Sie sich um eine Lösung bemühen, welche Wege Sie einschlagen. Gehen Sie entspannt in ein Assessmentcenter und vertrauen Sie auf Ihren gesunden Menschenverstand. Es gibt zahlreiche mehr oder minder teure Ratgeber oder Webseiten zum Thema.

Meines Erachtens genügt es, sich grob mit dem Ablauf vertraut zu machen und darauf zu vertrauen, dass Sie erfolgreich ein Studium absolvieren oder absolviert haben und Sie damit das Zeug haben, eine Fallstudie zu lösen. Alternativ bieten einige Hochschulen in

Tab. 8.21 Typische Bestandteile eines Assessmentcenters

Einzelvorstellung	Stellen Sie sich in einer kurzen Präsentation vor
Einzelaufgabe	Sie bekommen eine kleine Fallstudie, für die Sie eine Lösung erarbeiten und präsentieren sollen
Gruppenaufgabe oder -diskussion	Sie sollen in einem Team entweder über einen Sachverhalt diskutieren oder gemeinsam für ein Problem eine Lösung finden. Die Beobachter beobachten, wie Sie sich im Team verhalten und welche Rolle (Führung, Umsetzung, Koordination, Vermittlung, Empathie) Sie einnehmen
Postkorbübung	Sie sollen eine Reihe von Ereignissen nach Dringlichkeit und Wichtigkeit sortieren und erklären, in welcher Reihenfolge Sie was selbst erledigen oder an andere delegieren. (Suchen Sie im Internet nach den Stichworten Eisenhower-Modell und Postkorbübung)
Rollenspiele	Sie sollen eine bestimmte Situation (z. B. Konfliktgespräch mit einer Kollegin) durchspielen
Fallstudie	Sie sollen eine größere Fallstudie in einer bestimmten Zeit lösen und die Lösung präsentieren
Zwischenfeedback/ Abschlussfeedback	Die Beobachterinnen geben Ihnen nach jedem Zwischenschritt und am Ende des Assessmentcenters Feedback. Machen Sie sich Notizen hierzu. Selbst wenn Sie nicht erfolgreich sind, lernen Sie für Ihr nächstes AC

Kooperation mit Unternehmen Events und Workshops an, bei denen Sie an echten Fallstudien arbeiten und Erfahrungen sammeln können.

Und erscheint Ihnen die Konstruktion eines solchen Assessments als allzu absurd, denken Sie daran: Nicht nur Sie bewerben sich beim Unternehmen, sondern es bewirbt sich auch das Unternehmen bei Ihnen. Sie müssen nicht alles mitmachen. Tab. 8.21 und 8.22 geben Ihnen einige Hinweise zum Umgang mit Assessmentcentern.

8.18   Gehalt

Die Frage nach dem Gehalt wird nicht umsonst als Gretchenfrage bezeichnet. Es ist unmöglich, hier die eine richtige Antwort zu geben. Unterm Strich sollten Sie von Ihrem Gehalt die Miete, Ihr Essen und Ihre Freizeitansprüche bestreiten können. Werden Sie nach Ihren Gehaltsvorstellungen gefragt, so sollten Sie bei Ihren Überlegungen folgende Faktoren berücksichtigen:

- Ihre Qualifikation (Bachelor / Master / Promotion),
- ggf. Ihre Berufserfahrung
- die Branche,
- die Größe des Unternehmens,
- den Ort (Stadt, Land, Ballungsraum),
- das Angebot an Arbeitskräften in diesem Bereich.

Tab. 8.22 Wie Sie an einen Business Case / eine Fallstudie herangehen

1.	Überblick verschaffen: Verschaffen Sie sich einen ersten Überblick. Achten Sie dabei insbesondere auf Abbildungen, Tabellen, Überschriften und hervorgehobene Informationen
2.	Probleme nach Dringlichkeit und Wichtigkeit sortieren: Lesen Sie vorhandene Texte und Angaben ein zweites Mal durch. Machen Sie sich Notizen/Anmerkungen. Anschließend versuchen Sie, die Kern-/Hauptprobleme zu identifizieren
3.	Visualisierung der Zusammenhänge: Stellen Sie die relevanten kausalen Zusammenhänge in einer Grafik dar
4.	Einflussfaktoren: Überlegen Sie, welche unternehmensinternen und/oder externen Faktoren das Geschehen/den Fall beeinflussen
5.	Ressourcen- und Aufwandsanalyse: Welche Ressourcen benötigen Sie, um den Fall zu lösen? Dazu zählen Personal-, Sach- und sonstige organisationale Ressourcen. Im Anschluss machen Sie sich Gedanken zu den damit verbundenen Kosten
6.	Lösungs- und Ergebnisszenarien: Stellen Sie Ihre Lösung in Szenarien dar. Berücksichtigen Sie dabei einen „Best", einen „Worst" und den „Most Probable Case"
7.	Umsetzung/Plan/konkrete Ziele: Erarbeiten Sie einen Plan zur Umsetzung Ihrer Lösung. Definieren Sie konkrete, messbare, realistische und zeitlich definierte Ziele
8.	Lösungsfokussierte Präsentation: Präsentieren Sie die Lösung Ihres Falls in Präsentation mit max. 5 Folien

Meiner persönlichen Einschätzung nach bewegen sich faire Einstiegsgehälter für Hochschulabsolventinnen im Bereich zwischen 36.000 € und 60.000 €, Abweichungen nach oben und unten sind natürlich möglich. Die meisten Studierenden und Unternehmen, mit denen ich spreche, bieten ein Einstiegsgehalt im Bereich von 40.000 € bis 50.000 € an.

Verlässliche Angaben zu den Gehältern in einer Branche finden Sie u. a. auf den Seiten der Arbeitsagentur (BERUFENET). Eine weitere hervorragende Quelle ist inzwischen Kununu.de. Hier geben Angestellte ihre Gehälter offen an.

Einen Spielraum in der Verhandlung eröffnen Sie sich, wenn Sie einen Spielraum beim Jahresgehalt angeben, z. B.:

„Ich stelle mir ein leistungsbezogenes Jahresgehalt zwischen x- und y-tausend Euro vor. Welche Leistungskomponenten enthält Ihr Gehaltsmodell?"

Wird das Thema Gehalt während eines Bewerbungsgesprächs nicht thematisiert, ganz egal ob Praktikum oder Direkteinstieg, können Sie dieses Thema zum Ende des Gesprächs hin selbstverständlich selbst thematisieren. Als Studentin sind Stundenlöhne zwischen 12,50 € und 18,00 € (2023) ein Maßstab.

8.19   Nachfassmails

Beachten Sie die Bewerbungsfrist, die in einer Stellenanzeige genannt ist. Vor Ablauf dieser erhalten Sie meist eine automatisierte Eingangsbestätigung für Ihre Bewerbung. Ein guter Bewerbungsprozess von der Ausschreibung bis zur Entscheidung dauert einige Wochen, aber nicht viele Monate.

Wenn Sie ca. 10 Werktage nach Ablauf der Bewerbungsfrist nichts gehört haben, können Sie schriftlich oder telefonisch nachfragen, z. B.:

„Sehr geehrte Frau …

Am … habe ich mich auf die Stelle als … beworben. Da die Bewerbungsfrist bereits abgelaufen und mein Interesse an der Position nach wie vor groß ist, erkundige ich mich hiermit nach dem Bearbeitungsstand und freue mich über eine kurze Rückmeldung.

Mit freundlichen Grüßen

Vorname Nachname"

Am Ende des Bewerbungsgesprächs können Sie selbstverständlich fragen, bis wann Sie ungefähr mit einer Antwort rechnen können. Da meist mehrere Bewerberinnen im Rennen sind, sind zwei bis drei Wochen nicht ungewöhnlich. Wird der genannte Zeitraum um mehr als wenige Tage überschritten, fragen Sie nach.

Beginnen Sie bei langen Wartezeiten im Bewerbungsprozess auch, Ihr Interesse an der Stelle zu hinterfragen. Ein gut laufender Bewerbungsprozess, der die Bewerberinnen in keiner Phase allzu lange im Unklaren lässt, ist ein wichtiger Hinweis auf die vorherrschende Unternehmenskultur im Umgang mit Mitarbeiterinnen.

8.20   Zu- und Absagen

Immer wieder kommt in Beratungsgesprächen die Frage auf, ab wann man an einen Arbeitsvertrag gebunden ist. Hier muss man unterscheiden, was rechtlich gilt und was gelebte Praxis ist.

Zunächst ist es in Ordnung, wenn Sie sich einige Tage für Ihre Entscheidung Zeit lassen. Zwei bis maximal sieben Tage sind vollkommen in Ordnung.

Grundsätzlich kommt ein Arbeitsvertrag dann zustande, wenn beide Seiten (auch wenn nur mündlich) diesen bejahten. Er kommt auch dann zustande, wenn Sie eine Tätigkeit aufgenommen haben. Liegt noch kein von beiden Seiten unterschriebener Vertrag vor, gelten die gesetzlichen Bestimmungen (§ 622 BGB zu Kündigungsfristen).

Die Kündigung oder Auflösung eines Arbeitsvertrags hingegen bedarf immer (!) der Schriftform und des nachzuweisenden Zugangs persönlich, per Bote oder Einschreiben.

Wenden wir uns aber besser der gelebten Praxis und der damit verbundenen „Stilfrage" zu:

1. Bedenken Sie bei Ihren Schritten zur Zu- und Absage: Man sieht sich immer zweimal im Leben. Dieser Satz bewahrheitet sich in meiner eigenen persönlichen Erfahrung sowie in Beratungen oder in der Zusammenarbeit mit Unternehmen immer wieder.
2. Wenn Sie gegen die Vereinbarungen eines bereits unterschriebenen Arbeitsvertrags verstoßen, machen Sie sich schadensersatzpflichtig. In der Praxis aber wird es einem Unternehmen wohl schwerfallen und auch nicht der Mühe wert sein, diesen Schaden zu beziffern und einzufordern.
3. Mein Tipp: Sie sollten sich Ihrer Entscheidung zu dem Zeitpunkt sicher sein, an dem Sie Ihre Unterschrift unter einen Arbeitsvertrag setzen. Sollten sich danach Umstände – welcher Art auch immer – ergeben, die es Ihnen unzumutbar machen, die Stelle anzutreten: Kündigen Sie und suchen Sie im Fall der Fälle von Schadensersatzforderungen juristischen Expertenrat.
4. Auch wenn es vielleicht kein angenehmes Gespräch wird, teilen Sie der potenziellen Arbeitgeberin Ihre Entscheidung gegen die Stelle möglichst vor der Unterschrift persönlich mit.

(!) Verbindlichkeit zählt und ist ein hoher Wert. Dennoch „schulden" Sie einem Unternehmen nichts und sind in Ihren Entscheidungen ob des in 1. bis 4. Skizzierten frei! Es bringt Ihnen und dem Unternehmen nichts, wenn Sie eine Arbeitsstelle gegen Ihren Willen und Ihr Bauchgefühl antreten.

Wenn Sie die Unterschrift unter einen Vertrag gesetzt haben, wenden Sie sich nach Möglichkeit von Alternativen und anderen Jobszenarien ab und erst einmal dem neuen Job mit Freude an der Vorbereitung darauf zu.

8.21   Die ersten hundert Tage im neuen Job

In diesem Kapitel erhalten Sie die wichtigsten Tipps, um die ersten Tage im neuen Job gut zu überleben. In der Regel gestaltet sich der Einstieg aber angenehm und Sie müssen sich keine Sorgen machen. Gut organisierte Unternehmen gestalten einen Welcome Day für Sie und/oder es gibt Begrüßungsveranstaltungen für alle neuen Mitarbeiterinnen im Unternehmen. Zudem werden Sie mit aller Wahrscheinlichkeit einen Einarbeitungsplan erhalten und eine Mentorin oder Patin, die Ihnen bei allen in den ersten Tagen und Wochen aufkommenden Fragen zur Seite steht. Denken Sie immer daran, dass das Unternehmen Sie aufgrund Ihrer überzeugenden persönlichen, sozialen, methodischen und fachlichen Kompetenzen eingestellt hat. Die wollten und wollen Sie! Das Unternehmen hat ein Interesse daran, dass Sie sich wohlfühlen, gut ankommen und ebenso gut eingearbeitet werden. Zudem gibt es in den ersten hundert Tagen etwas, das man „Welpenschutz" nennt. Das heißt, niemand erwartet, dass Sie perfekt durchstarten, Sie dürfen Fehler machen und aus diesen lernen (Tab. 8.23).

Tab. 8.23 Checkliste für die ersten hundert Tage im neuen Job

☐	Setzen Sie sich schriftlich konkrete Lernziele.
☐	Nutzen Sie die ersten Tage und Wochen dazu, Ihren Kolleginnen und Ihrer Führungskraft alle Fragen zu stellen, die Ihnen in den Sinn kommen.
☐	Achten Sie insbesondere dann auf gutes Nachfragen im Sinne der Auftragsklärung, wenn Sie neue Aufgaben übertragen bekommen.
☐	Machen Sie sich Notizen zu Ihren Fragen und Ihrer Einarbeitung.
☐	Falls Sie keinen Einarbeitungsplan bekommen, fragen Sie danach oder erarbeiten Sie einen mit Ihrer Mentorin / Ihrer Patin.
☐	Falls Sie keine Patin oder Mentorin haben, fragen Sie nach einer entsprechenden Person bei Ihrer Führungskraft.
☐	Schließen Sie sich nach Möglichkeit den Gruppen zum Mittagessen an. Oder gehen Sie gemeinsam mit Kolleginnen in die Kaffeepause.
☐	Fordern Sie aktiv Feedback von Ihrer Führungskraft und Ihren Kolleginnen ein.
☐	Sie sind motiviert, zeigen Sie das, indem Sie auch aktiv fragen, ob und wie Sie in Ihrem Arbeitsbereich unterstützen können.
☐	Trauen Sie sich nach einer guten Einführung in eine Aufgabe zu, diese beim nächsten Mal selbstständig auszuführen.
☐	Bringen Sie eigenen Ideen in angemessener Weise und Maß ein. Gerade in der ersten Zeit ist es wichtig, gut zuzuhören und zuzuschauen. Wenn Sie aber eine überzeugende Idee haben, zögern Sie nicht, diese zu äußern.
☐	Raum für Ihre eigenen Ideen zur Einarbeitung:
☐	Raum für Ihre eigenen Ideen zur Einarbeitung:
☐	Raum für Ihre eigenen Ideen zur Einarbeitung:

8.22 Probleme in der Arbeit: Mobbing und Bossing

Leider läuft nicht immer alles rund im Unternehmen und es gibt Kolleginnen und/oder Führungskräfte, mit denen kommt man nicht gut zurecht. In den meisten Fällen bewegt sich dies aber in einem erträglichen Rahmen. Es kann aber auch vorkommen, dass die Grenzen des Erträglichen überschritten werden. Im Rahmen dieses Buches sollen Ihnen folgende Checklisten dabei helfen (Tab. 8.24, 8.25), Mobbing oder Bossing zu erkennen und Ihnen aufzeigen, wo Sie Erste und weiterführende Hilfe bekommen. Während man unter Mobbing das unlautere und schädigende Verhalten unter Kolleginnen versteht, bezeichnet man als Bossing entsprechendes Verhalten Vorgesetzter gegenüber den Mitarbeiterinnen.

Wenn Sie einen oder mehrere der oben genannten Faktoren erkennen, sollten Sie Folgendes tun, um aus der Rolle des Opfers auszubrechen (Tab. 8.26):

Bitte beachten Sie: Dieses Kapitel gibt Ihnen nur erste Hinweise und erste Hilfe im Mobbing- oder Bossingfall. Suchen Sie im Zweifel auf jeden Fall professionelle Hilfe. Sprechen Sie mit Ihrem Betriebs- bzw. Personalrat und nehmen Sie sich ggf. einen Fachanwalt für Arbeitsrecht. Mobbing oder Bossing sind ernste Themen, die Ihre geistige und körperliche Gesundheit gefährden. Es ist ein Zeichen der Stärke und nicht der Schwäche, wenn Sie sich hier von außen professionelle Hilfe holen.

Tab. 8.24 Woran Sie Mobbing erkennen können

☐		Sie fühlen sich nachhaltig belastet. Können nach der Arbeit nicht abschalten, grübeln über Situationen aus der Arbeit und schlafen deshalb schlecht oder nicht.
☐		Eine oder mehrere Kolleginnen kritisieren Sie permanent und unverhältnismäßig. Sie fühlen sich häufig ungerecht behandelt.
☐		Sie werden aktiv ausgeschlossen. Zum Beispiel werden Sie in Mail-Verteiler nicht integriert oder man schließt bewusst Sie von sozialen Aktivitäten in und rund um die Arbeit aus.
☐		Über Sie werden Gerüchte verbreitet oder man lästert über Sie.
☐		Ihre Arbeit wird sabotiert.
☐		Ihnen werden Informationen vorenthalten, die Sie zur Erledigung Ihrer Arbeit benötigen.
☐		Man teilt Ihnen im Team wiederholt und übermäßig Aufgaben zu, die deutlich unter Ihrem Niveau liegen.
☐		Die oben genannten Dinge geschehen wiederholt über einen Zeitraum von mehreren Wochen oder länger.
☐		Welche weiteren Indizien sehen Sie:
☐		Welche weiteren Indizien sehen Sie:

Tab. 8.25 Woran Sie Bossing erkennen können

☐	Sie fühlen sich nachhaltig belastet. Können nach der Arbeit nicht abschalten, grübeln über Situationen aus der Arbeit und schlafen deshalb schlecht oder nicht.
☐	Sie erhalten dauerhaft oder immer wieder Aufgaben unter Ihrem Qualifikationsniveau.
☐	Ihre Chefin kritisiert Sie aus nichtigem Anlass vor anderen Kolleginnen.
☐	Sie werden unverhältnismäßig, z.B. als faul, dumm oder unfähig kritisiert.
☐	Ihnen werden sinnfreie Anweisungen und/oder Aufgaben gegeben.
☐	Ihre Chefin nutzt die Führungsposition aus.
☐	Die oben genannten Dinge geschehen wiederholt über einen Zeitraum von mehreren Wochen oder länger.
☐	Welche weiteren Indizien sehen Sie:
☐	Welche weiteren Indizien sehen Sie:

Tab. 8.26 Wege aus der Mobbing-/Bossingfalle

☐	Tauschen Sie sich mit Freundinnen oder Familienangehörigen Ihres Vertrauens über diese Vorkommnisse aus. Wie beurteilen diese die Situation?
☐	Stellen Sie Transparenz her. Konfrontieren Sie die betroffenen Akteure mit deren Verhalten und sprechen Sie diese sachlich darauf an, warum Sie sich so verhalten.
☐	Machen Sie sich Notizen zu allen Vorkommnissen. Wann ist was passiert? Wer war beteiligt? Wie haben Sie reagiert?
☐	Im Falle des Mobbings – hat die direkte Ansprache nicht gefruchtet - suchen Sie das Gespräch mit Ihrer Führungskraft. Im Falle des Bossing wenden Sie sich an die Führungskraft Ihrer Chefin.
☐	Hat auch dies nichts geändert, wenden Sie sich an Ihren Personal- oder Betriebsrat. Gibt es in Ihrem Unternehmen keinen, holen Sie sich Rat bei der Gewerkschaft.
☐	Bringt dies alles nichts, wenden Sie sich an einen Fachanwalt für Arbeitsrecht und kündigen Sie in letzter Konsequenz. Das ist kein Scheitern oder Aufgaben, sondern Sie schützen so Ihre geistige und körperliche Gesundheit!

Karriereplan: vom Trainee und Junior zum Senior

9

Inhaltsverzeichnis

In diesem Kapitel geht es um die Zeit nach dem Studium, in Ihren ersten Jobs. Mit Sicherheit wird dies nicht der letzte und ausführlichste Karriereratgeber sein, den Sie in den Händen halten. Dennoch sollen Ihnen die nächsten Seiten ein wenig Orientierung bei den nächsten Schritten bieten.

9.1   Wo sehen Sie sich in x (meist fünf) Jahren?

Diese Frage wird häufig auch in Bewerbungsgesprächen gestellt. Losgelöst davon lohnt es sich tatsächlich, einen inneren und dann ausformulierten Blick auf Ihre Pläne zu werfen. Das bekannte SMART-Prinzip unterstützt Sie dabei, Ihre Pläne zu

---

Ergänzende Information Die elektronische Version dieses Kapitels enthält Zusatzmaterial, auf das über folgenden Link zugegriffen werden kann https://doi.org/10.1007/978-3-658-41691-1_9.

S. Pflaum, *Kompass Digitale Bewerbung,* https://doi.org/10.1007/978-3-658-41691-1_9

konkretisieren. Bitte beachten Sie, dass Jahrespläne nicht in Stein gemeißelt sind. Bleiben Sie also bei aller Planung auch offen für Wendungen und Änderungen, sei es durch Sie oder durch Ihre Umwelt ausgelöst.

Smarte Ziele sind spezifisch, messbar, anspruchsvoll, realistisch und terminiert.

9.1.1   Jahr 1 von heute: Was wollen Sie erreichen?

Beruflich:	Persönlich:

Spezifizieren Sie Ihr Ziel in einem Satz:

Ihr Erfolg ist messbar an:

Was macht Ihr Ziel anspruchsvoll:

Warum ist Ihr Ziel realistisch:

Bis wann wollen Sie was in diesem Jahr erreicht haben:

9.1.2   Jahr 2 von heute: Was wollen Sie erreichen?

Beruflich:	Persönlich:

Spezifizieren Sie Ihr Ziel in einem Satz:
Ihr Erfolg ist messbar an:
Was macht Ihr Ziel anspruchsvoll:
Warum ist Ihr Ziel realistisch:
Bis wann wollen Sie was in diesem Jahr erreicht haben:

9.1.3   Jahr 3 von heute: Was wollen Sie erreichen?

Beruflich:	Persönlich:

Spezifizieren Sie Ihr Ziel in einem Satz:

Ihr Erfolg ist messbar an:

Was macht Ihr Ziel anspruchsvoll:

Warum ist Ihr Ziel realistisch:

Bis wann wollen Sie was in diesem Jahr erreicht haben:

9.1.4   Jahr 4 von heute: Was wollen Sie erreichen?

Beruflich:	Persönlich:
Spezifizieren Sie Ihr Ziel in einem Satz:	
Ihr Erfolg ist messbar an:	
Was macht Ihr Ziel anspruchsvoll:	
Warum ist Ihr Ziel realistisch:	
Bis wann wollen Sie was in diesem Jahr erreicht haben:	

9.1.5   Jahr 5 von heute: Was wollen Sie erreichen?

Beruflich:	Persönlich:

Spezifizieren Sie Ihr Ziel in einem Satz:
Ihr Erfolg ist messbar an:
Was macht Ihr Ziel anspruchsvoll:
Warum ist Ihr Ziel realistisch:
Bis wann wollen Sie was in diesem Jahr erreicht haben:

9.1.6   Zusammenfassung

Versuchen Sie Ihr Fünfjahresziel in wenigen Sätzen zusammenzufassen, sodass Sie bei einem Gespräch in zwei Minuten davon erzählen können. Die detaillierte Vorbereitung hilft Ihnen dabei, sich auf Nachfragen vorzubereiten.

9.2   Direkteinstieg oder Traineeprogramm

Scrollt man die Jobangebote durch, so fallen einem neben konkreten Einstiegspositionen häufig auch sog. Traineestellen ins Auge. Anders als beim Direkteinstieg auf eine Position, z. B. im Personalbereich, im Controlling, in der IT oder im Marketing, bieten Ihnen Traineeprogramme die Möglichkeit, einen breiten und vielschichtigen Einblick in ein Unternehmen oder in eine Branche zu bekommen.

Traineeprogramme dauern meist ca. zwei Jahre, in deren Verlauf Sie in den verschiedenen Abteilungen eines Unternehmens arbeiten. Von Praktika unterscheiden sich diese Programme vor allem dadurch, dass Sie Vollzeit arbeiten und auch ein volles Gehalt beziehen. Das Jahresgehalt ist vergleichbar mit dem einer direkten Einstiegsposition und liegt in den meisten Fällen zwischen 35.000 € und 60.000 €. Je nach Branche, Standort und Unternehmensgröße sind Abweichungen nach oben oder unten möglich. Auch inhaltlich sind Sie in den meisten Fällen als vollwertige Mitarbeiterin in den zugedachten Abteilungen eingesetzt. In der Regel ist Ihre Stelle dann auf die Dauer des Traineeprogramms befristet, z. B. auf zwei Jahre. Allerdings stehen die Chancen einer Übernahme nach Ende des Programms sehr gut. Denn welchen Vorteil hätte ein Unternehmen davon, Sie über zwei Jahre mit seinen Arbeitsbereichen und seiner Kultur vertraut zu machen, Sie in zahlreichen Fortbildungen fit für Ihren Job zu machen, ohne das Ziel, Sie langfristig zu binden? Die folgenden Kriterien zeichnen ein gutes Traineeprogramm aus. Sie sollten diese in Bewerbungsgesprächen mit dem potenziellen Arbeitgeber klären (Tab. 9.1).

Grob kann man sagen, dass sich Traineeprogramme für Absolventinnen eignen, die noch nicht genau wissen, in welchem Bereich eines bestimmten Unternehmens oder Branche sie landen wollen.

Der Direkteinstieg ist insbesondere dann interessant, wenn Sie schon wissen, welcher Unternehmensbereich Sie interessiert. Einstiegspositionen erkennen Sie häufig am Zusatz „Junior" vor der eigentlichen Stelle. Oder in den Stellenanzeigen ist angegeben, dass sich eine Position auch für Berufsanfängerinnen oder Absolventinnen eignet. Ganz egal, ob Sie sich für ein Traineeprogramm oder den Direkteinstieg entscheiden. Ihre Karrierechancen sind auf beiden Wegen vergleichbar gut. Vielmehr sollten Sie bei Ihrer Entscheidung darauf achten, was für Sie selbst am sinnvollsten erscheint (Tab. 9.2).

9.3   Start-up, Mittelstand oder Großkonzern?

Wo machen Sie am besten Ihre Praktika, Jobs und wo haben Sie den besten Direkteinstieg? Auch bei dieser Frage sollten Sie weniger darauf achten, was sich Jahre später in Ihrem CV am besten macht, sondern worauf Sie in Ihrer jetzigen Situation Lust haben und in welcher Umgebung Sie am meisten Freude an der Arbeit haben. Die Tab. 9.3 soll. Ihnen bei der Entscheidung eine Hilfestellung sein

Tab. 9.1 Kriterien für ein gutes Traineeprogramm

☐	Das Unternehmen ist hinreichend groß, um Ihnen Einblicke in verschiedene Bereiche gewähren zu können.
☐	Es gibt einen festen, für Sie nachvollziehbaren Plan, wie viel Zeit Sie in welchen Bereichen des Unternehmens verbringen.
☐	Sie haben Einfluss darauf, in welchem Bereich Sie nach Abschluss arbeiten wollen.
☐	Das Unternehmen übernimmt in der Regel die Trainees nach Abschluss des Programms.
☐	Sie beziehen ein für Akademikerinnen angemessenes Gehalt.
☐	Das Traineeprogramm dauert in etwa zwei Jahre.
☐	Das Programm wird von Fortbildungsmaßnahmen flankiert.
☐	Sie haben eine feste Ansprechpartnerin / Patin für die Zeit des Programms, unabhängig von den Abteilungen, in denen Sie sind.
☐	Sie haben Gelegenheit und entsprechende Foren, um sich mit anderen Mentees im Unternehmen auszutauschen.
☐	Trainees haben in der Unternehmenskultur den Stellenwert voller Mitarbeiterinnen und es werden ihnen entsprechende anspruchsvolle Aufgaben und Verantwortungen übertragen.
☐	Es gibt die Möglichkeit eines Auslandsaufenthaltes im Konzern.

9.4 Führungs- oder Spezialistenkarriere?

Als Akademikerin werden Sie mit Sicherheit eine verantwortungsvolle Position in einem Unternehmen anstreben, z. B. als Referentin, Spezialistin, Expertin, Beraterin oder eben als Führungskraft. Es ist noch nicht so lange her, da wurde es quasi als Automatismus angesehen, dass man als Akademikerin früher oder später eine Aufgabe als Führungskraft übernimmt und so im Idealfall Schritt für Schritt weiter in der Unternehmenshierarchie aufsteigt. Dem lag unter anderem der Irrglaube zugrunde, dass die fachlich beste Frau im Team auch die am besten geeignete Teamleiterin sei. Weiter waren Führungspositionen meist deutlich besser bezahlt als fachlich orientierte Positionen. Der einzige wirkliche Weg nach oben schien nur über eine Führungsposition zu führen. Das führte unter anderem dazu, dass unverzichtbare Spezialistinnen auf

Tab. 9.2 Gegenüberstellung Traineeprogramm und Direkteinstieg

	Traineeprogramm	Direkteinstieg
Vorteile	Perfekt für den Berufseinstieg / den ersten Job Gute Einarbeitung Guter Überblick über die verschiedenen Funktionsbereiche eines Unternehmens – Erfahrungen in die Breite Aufbau eines breiten Netzwerks mit anderen Mentees, die später in anderen Bereichen arbeiten Ausreichend Zeit, um die eigene Nische im Unternehmen zu finden Trotz Befristung gute Übernahmechancen	Direkter Einstieg in einen Spezialbereich Schnellere Spezialisierung in einem Fachbereich – Erfahrungen in die Tiefe Gute Vernetzung in einem bestimmten Unternehmensbereich Möglicherweise ein etwas besseres Gehalt als im Traineeprogramm Ggf. schnellerer Aufstieg in einem bestimmten Bereich Häufiger unbefristete Einstellungen
(mögliche) Nachteile	Möglicherweise ein etwas geringeres Gehalt als beim Direkteinstieg Ggf. verzögerter erster Aufstieg Meist befristeter Job	Oft wird bereits relevante Berufserfahrung verlangt. Frühe Festlegung auf einen bestimmten Unternehmensbereich Sprung ins kalte Wasser Eingeschränkte Suche nach „Junior"-Stellen
Eigene Überlegungen		

Tab. 9.3 Entscheidungshilfe Start-up, – Mittelstand – Großkonzern

Passt die Arbeit in einem Start-up zu mir?	
Ein junges Team ist mir wichtig.	- ①②③④⑤ +
Flache Hierarchien sind mir besonders wichtig. Ich will sehr nah am Management / an den Gründerinnen arbeiten.	- ①②③④⑤ +
Feste Prozesse und Standards sind mir nicht wichtig	- ①②③④⑤ +
Ich lege Wert auf flexible Arbeitszeiten, jenseits von nine to five	- ①②③④⑤ +
Ich kann gut mit Fehlern umgehen.	- ①②③④⑤ +
Ein sicherer Arbeitsplatz ist mir weniger wichtig.	- ①②③④⑤ +
Ich kann gut improvisieren.	- ①②③④⑤ +
Ich kann mit Chaos gut umgehen.	- ①②③④⑤ +
Ich kann sehr gut und schnell mit Veränderungen umgehen.	- ①②③④⑤ +
Ich kann mir gut vorstellen, einmal selbst zu gründen.	- ①②③④⑤ +
Eigene Überlegung:	- ①②③④⑤ +
Eigene Überlegung:	- ①②③④⑤ +
Summe der Punkte x von 60 Punkten	_____
Passt die Arbeit in mittelständischen Unternehmen zu mir?	
Ich will in einem Unternehmen mit flachen Hierarchien arbeiten.	- ①②③④⑤ +

(Fortsetzung)

Tab. 9.3 (Fortsetzung)

Ein sicherer Arbeitsplatz ist mir wichtig.	- ①②③④⑤+
Ich will einen möglichst breiten Einblick in ein Unternehmen haben, mit vielen verschiedenen Abteilungen zu tun haben.	- ①②③④⑤+
Eine persönliche, familiäre Arbeitsatmosphäre ist mir sehr wichtig.	- ①②③④⑤+
Ich will mich längerfristig an das Unternehmen binden.	- ①②③④⑤+
Unternehmerisches Denken ist mir nicht fremd.	- ①②③④⑤+
Ich fühle mich meiner Region / der Region des Unternehmens verbunden.	- ①②③④⑤+
Ich muss nicht unbedingt in einer großen Stadt arbeiten.	- ①②③④⑤+
Im Zweifel ist mir der Inhalt der Arbeitsstelle wichtiger als schnelle Gehaltssprünge.	- ①②③④⑤+
Mir ist das Gefühl wichtig zu sehen, dass meine Arbeit zum Gesamterfolg des Unternehmens beiträgt.	- ①②③④⑤+
Eigene Überlegung:	- ①②③④⑤+
Eigene Überlegung:	- ①②③④⑤+
Summe der Punkte x von 60 Punkten	_____
Passt die Arbeit in einem Großkonzern zu mir?	
Ich habe kein Problem mit großen Hierarchien.	- ①②③④⑤+
Ich arbeite gern entlang definierter Prozesse.	- ①②③④⑤+
Ich will in einem Unternehmen arbeiten, dass sehr viele unterschiedliche Bereiche hat.	- ①②③④⑤+
Ich kann mit einer gewissen Anonymität im Unternehmen umgehen.	- ①②③④⑤+

(Fortsetzung)

Tab. 9.3 (Fortsetzung)

Ein sicherer Arbeitsplatz ist mir besonders wichtig.	- ①②③④⑤+
Ich will in einem Unternehmen arbeiten, in dem es möglichst viele Möglichkeiten für eine Spezialisten-/Führungskarriere gibt.	- ①②③④⑤+
Ich bin überregional/international.	- ①②③④⑤+
Der Name und die Bekanntheit des Unternehmens sind mir wichtig.	- ①②③④⑤+
Ein höheres, tarifgebundenes Gehalt ist mir wichtig.	- ①②③④⑤+
Mir gefällt das Gefühl, kleiner Teil eines größeren Ganzen zu sein.	- ①②③④⑤+
Eigene Überlegung:	- ①②③④⑤+
Eigene Überlegung:	- ①②③④⑤+
Summe der Punkte x von 60 Punkten	————————

Führungspositionen wechselten und ihr Wissen und ihre Erfahrung dem Fachbereich dann fehlten. Denn als Führungskraft gilt es, den Überblick zu wahren, zu steuern, zu koordinieren und zu delegieren. Es fehlt die Zeit, sich in der Tiefe mit fachlichen Themen auseinanderzusetzen. Verliert sich eine Führungskraft in den fachlichen Details, so wird sie kaum ihren Führungsaufgaben gerecht werden können.

Es ist daher sehr zu begrüßen, dass sich in den letzten zehn bis zwanzig Jahren das Konzept der Spezialistenkarriere als gleichwertige Alternative zur Führungskarriere etabliert hat. Immer mehr Spezialisten (Senior-…) ziehen mit Führungskräften in Gehalt und Bedeutung gleich und sind z. B. als Berater auch in den höchsten Stellen einer Unternehmenshierarchie zu finden. Ob Sie eine Fach- oder Führungskarriere anstreben, müssen Sie natürlich nicht in Ihren ersten Berufsjahren entscheiden. Ein Bild davon, was Ihnen mehr oder weniger liegt, werden Sie sich erst machen können, wenn Sie einiges an Führung erlebt haben und/oder erste Führungsverantwortung in Ihnen übertragenen Projekten übernommen haben. Daher dient Tab. 9.3 nur als erste Orientierung dafür, welche Erwartungen und Kompetenzen mit einer Spezialisten- oder Führungskarriere verbunden sein können. Die Darstellung erhebt keinen Anspruch auf Vollständigkeit,

Tab. 9.4 Gegenüberstellung Spezialist und Führungskraft

	Spezialistin	Führungskraft
Personale Kompetenz	Sie sollten motiviert sein, sich in einem oder mehreren Fachbereichen intensiv einzuarbeiten und sich stetig fortzubilden. Idealerweise verbinden Sie das Wort „leidenschaftlich" mit Ihrem Thema.	„Zur Führungskraft geboren", klingt natürlich etwas pathetisch. Meiner persönlichen Meinung und Erfahrung nach aber ist das Grundpotenzial zur Führungskraft tief in der Persönlichkeit verankert und lässt sich nur bedingt erlernen. Als Führungskraft müssen Sie gerne und viel mit anderen, mitunter auch komplizierten Menschen zusammenarbeiten können.
Sozialkompetenz	Dass Sie gut im Team arbeiten können, ist für nahezu jeden Job selbstverständlich. Als Spezialistin sind Sie die erste und beste Ansprechpartnerin im Team für ein bestimmtes Thema. Auch als Spezialistin sollten Sie daher in der Lage sein, z.B. die fachliche Führung eines Teams in Projekten übernehmen zu können.	Ein Team zu führen ist etwas grundlegend anderes, als in einem Team zu arbeiten. Meiner Einschätzung nach zeichnen sich gute Führungskräfte dadurch aus, dass sie in der Lage sind, klare Entscheidungen zu treffen, dabei mitunter konsequent, zugleich aber empathisch vorgehen. Weitere wichtige Eigenschaften sind z.B. Konfliktfähigkeit, diplomatisches Geschick und ein Verhandlungstalent.
Methodenkompetenz	Sie verfügen nicht nur über ein tiefes Spezialwissen, sondern Sie sind auch Expertin darin, dieses Wissen in der Unternehmenspraxis anzuwenden. Als Spezialistin arbeiten Sie überwiegend an fachlichen Themen und mit Dingen. Das Thema steht im Mittelpunkt. In den meisten akademischen Berufen ist es wichtig, dass Sie in den Themen Projektarbeit und Projektmanagement methodisch fit sind.	Ihr Führungstalent können Sie mit Führungsmethoden verfeinern. Zum guten Führen gehört es aber auch, loslassen zu können. Das bedeutet, Sie delegieren Aufgaben an Ihre Mitarbeiterinnen und geben diesen Spielraum bei der Umsetzung und auch für neue Ideen. Als Führungskraft arbeiten Sie überwiegend mit den Menschen. Sie vor dem Hintergrund eines Themas zu koordinieren und zu führen, ist Ihr Arbeitsschwerpunkt.

(Fortsetzung)

Tab. 9.4 (Fortsetzung)

Fachkompetenz	Als Spezialistin hat man nie ausgelernt, sondern strebt an, in seinem Fachbereich immer mehr zur ausgewiesenen Expertin zu werden. Selbstverständlich sind Sie nicht Ihr ganzes Berufsleben an ein bestimmtes Thema gebunden. Als Spezialistin sind Sie auch gut darin, sich schnell in ein neues Thema einzuarbeiten.	Die Kunst des Führens bedeutet, fachlich den Überblick zu bewahren, ohne sich in den Details fachlicher Aufgaben zu verlieren. Für die detaillierte „Feinarbeit" sind die Spezialisten Ihres Teams zuständig. Ihr fachliches Wissen sollte hinreichend gut sein, dass Sie tragfähige Entscheidungen treffen können.

sondern dient Ihnen als Denkanstoß bei Ihren eigenen ersten Überlegungen zum Thema. Am dicken Tabellenrahmen erkennen Sie (schematisch) die unterschiedliche Schwerpunktsetzung zwischen dem Profil einer Spezialistin und dem einer Führungskraft.

9.5 Zwischen Homeoffice und Kicker: Ein Wort zur Work-Life-Balance

Was ist ein Unternehmen heute ohne Start-up-Mentalität und Kicker? Der Kicker ist das Sinnbild der Gegenwart für die zunehmende Verschmelzung von Arbeitszeit und Freizeit. Das muss nicht schlecht sein. Schließlich soll die Arbeit Spaß machen und man sollte sich insgesamt gut zumindest mit den meisten Kolleginnen verstehen. Immerhin verbringt man von Montag bis Freitag ein Drittel oder mehr des Tages mit ihnen.

Mit einigen Kolleginnen versteht man sich dann auch so gut, dass Sie zu Freundinnen werden und man auch den einen oder anderen Abend mit ihnen bei einem Glas Wein oder Bier verbringt. Die Grenzen zwischen Arbeit und Privatleben werden immer fließend sein. Dennoch sollten Sie ein paar Regeln mit achtsamem Blick auf das eigene Wohlbefinden im Auge behalten und für sich selbst eine mehr oder minder feste Grenze zwischen Arbeitszeit und Freizeit ziehen.

Die folgenden „Grundregeln" (Tab. 9.5) bieten eine erste Orientierung.

In Tab. 9.6 sollten Sie für sich selbst fünf Regeln einfach formulierte Regeln bestimmen, die eine gute Work-Life-Balance für Sie garantieren.

Tab. 9.5   Ein paar Grundregeln für eine gute Balance zwischen Arbeit und Leben

☐	Trennen Sie private und berufliches Equipment voneinander: Smartphone und Notebook. Wenn Sie privates und berufliche Nachrichten auf dem jeweils selben Gerät empfangen, werden Sie immer versucht sein, neben einer privaten Nachricht auch schnell noch eine berufliche zu bearbeiten. Insbesondere beim Smartphone hätten Sie immer und überall Ihre Chefin und Ihre Kollegin dabei, die sich jederzeit mit dem Brummen einer eingehenden Nachricht in Erinnerung bringen können, abends wenn Sie mit Freundinnen aus sind oder wenn Sie mit Ihrer Partnerin im Urlaub sind.
☐	Idealerweise haben Sie einen Computer für die Arbeit und einen für Ihre privaten Angelegenheiten. Es gibt verschiedene technische Möglichkeiten, zwei PCs/Macs an einen Bildschirm anzuschließen. Arbeitsplatz-ergonomisch ist es besser, an einem großen Bildschirm zu arbeiten, statt den Blick stundenlang auf das Notebook zu senken.
☐	Wenn Sie Homeoffice machen, trennen Sie die Arbeits- und Privatsphäre auch zu Hause räumlich. Gehen Sie zum Arbeiten in Ihr Arbeitszimmer oder an Ihren gewohnten Arbeitsplatz zu Hause. Verlegen Sie das Homeoffice nicht ins Wohnzimmer oder einen anderen Raum, der zu Ihrer Privatsphäre gehört.
☐	Legen Sie für sich Ihre Arbeitszeiten und -grenzen fest. Das muss nicht nine-to-five sein. Aber Sie sollten für sich passende Grenzen ziehen und sich ausreichend Zeit für Freizeit, Erholung und Schlaf einplanen. Wenn Sie sich keine entsprechenden Grenzen setzen, sind Sie keine besonders fleißige und gewissenhafte Mitarbeiterin, sondern nach einer bestimmten Zeit, vielleicht erst in ein paar Jahren, geht Ihnen womöglich die Energie aus und die Freude an der Arbeit verloren.
☐	Machen Sie sich den Unterschied zwischen guten Kolleginnen und Freundinnen bewusst. Selbstverständlich können Kolleginnen auch zu Freundinnen werden. Das sind aber nicht zwangsläufig alle Kolleginnen, mit denen Sie sich gut verstehen. Warum ist das wichtig? Sie sollten sich gut überlegen, wem Sie hier über Ihre Arbeitszeit hinaus Zeit und Aufmerksamkeit widmen. Welchen Personen gestehen Sie es gerne zu, Sie auch in Ihrer Freizeit zu kontaktieren und welchen nicht?
☐	Blocken Sie sich in Ihrem Kalender mehrere freie Zeiten für sich als Termin. Idealerweise haben Sie hier mehrere, regelmäßige mehrstündige Blöcke in der Woche. In diese Zeit legen Sie keine privaten oder beruflichen Termine, sondern gönnen sich Spontaneität.
☐	Ihre eigenen Ideen für eine gute Work-Life-Balance:
☐	Ihre eigenen Ideen für eine gute Work-Life-Balance:

Tab. 9.6 Ihre 5 persönlichen Regeln für eine gute Work-Life-Balance

(1)
(2)
(3)
(4)
(5)

Inhaltsverzeichnis

Sie haben dieses Buch nun von Anfang bis Ende durchgearbeitet und/oder haben immer wieder die Stellen aufgeschlagen, die für bestimmte Fragestellungen hilfreich sind. Ich hoffe sehr, dass ich Sie dabei unterstützen konnte, Ihre Gedanken zu ordnen, das Für und Wider bestimmter Fragestellungen abzuwägen.

10.1   Fazit 1: Im Zweifel immer bewerben

Liegt nun eine Stellenanzeige vor Ihnen, lesen Sie gründlich die Aufgabenbeschreibungen und lesen Sie entspannt die Anforderungen. Gefallen Ihnen am Ende die Aufgaben: Bewerben Sie sich! Eine Absage ist schnell abgehakt und eine Einladung zum Bewerbungsgespräch ist eine wunderbare Sache.

10.2   Fazit 2: Jede Bewerbung hat zwei Seiten!

Denken Sie während jedes Bewerbungsprozesses daran, dass nicht nur Sie sich beim Unternehmen bewerben, sondern dass sich auch das Unternehmen bei Ihnen bewirbt. Gehen Sie nach Bewerbungsgesprächen aus dem Gebäude, sehen Sie zurück, atmen bewusst dreimal ein und aus. Stellen Sie sich nun vor und fühlen Sie in sich hinein: Wie fühlt es sich wohl an, hier die nächsten Monate und Jahre werktags früh rein und je nach

S. Pflaum, *Kompass Digitale Bewerbung,* https://doi.org/10.1007/978-3-658-41691-1_10

Job spät hinauszugehen? Was sagt Ihr Kopf und viel wichtiger, was sagt Ihr Bauch dazu? Mein persönlicher Tipp aus eigener Erfahrung: Entscheiden Sie immer mit und niemals gegen Ihren Bauch.

Inzwischen haben jede Universität und jede Hochschule Career Services oder Career Center aufgebaut. Nutzen Sie diese Services vom ersten Semester an. Seien Sie neugierig, möglichst viele Unternehmensvertreterinnen bei Events kennenzulernen, und nutzen Sie die Beratungsangebote.

Als Studentin der Ludwig-Maximilians-Universität erreichen Sie unseren Career Service unter www.lmu.de/career-service und mich persönlich erreichen Sie bei Fragen zum Buch unter stephan.pflaum@lmu.de.

Anhang

S. Pflaum, *Kompass Digitale Bewerbung,* https://doi.org/10.1007/978-3-658-41691-1

Tab. 1.1 Auf der Suche nach dem Purpose, Impact und der Berufung

☐	Was verbinden Sie persönlich und für sich mit den Begriffen Impact, Purpose und Berufung?
☐	Was möchten Sie mit Ihrer Arbeit persönlich erreichen/bewegen?
☐	Was möchten Sie gesellschaftlich mit Ihrer Arbeit erreichen / bewegen?
☐	Was bedeutet „erfolgreich sein" für Sie persönlich?
☐	Wofür sind Sie in Ihrem Leben bislang dankbar?
☐	Welche Vorbilder (Menschen, Organisationen, Unternehmen, …) haben Sie?

(Fortsetzung)

Tab. 1.1 (Fortsetzung)

☐	Was bedeutet Arbeit für Sie?
☐	Was sieht eine gute „Work-Life-Balance" für Sie aus?
☐	Welche fünf Eigenschaften zeichnen für Sie einen guten Arbeitgeber / einen guten Arbeitsplatz aus?
☐	Was bedeutet individuelle Leistung für Sie?
☐	Was zeichnet gute Teamarbeit für Sie aus?
☐	Was motiviert Sie?

(Fortsetzung)

Tab. 1.1 (Fortsetzung)

☐	Was bedeutet Karriere für Sie?
☐	Wann und warum ist Ihre Jobsuche erfolgreich abgeschlossen?

Tab. 2.1 Auf was achten Recruiterinnen bei einer Bewerbung?

Merkmal für die aus-geschriebene Stelle	Ausprägung bei Ihnen / in Ihrem Profil	Konkretisierung: Beschreiben Sie kurz und konkret, warum Sie dieses Merkmal erfüllen.
Relevante Berufserfahrung (Praktika, Werkstudentinnen-stellen, Nebenjobs, berufliche Vorerfahrungen …)	−☐☐☐☐☐+	
Passende schulische und akademische Ausbildung (Schulabschluss, Bachelor, Master, Promotion, MBA, Berufsausbildung …)	−☐☐☐☐☐+	
Relevante Zusatzausbildungen und Zertifikate (Seminare, Fort- und Weiterbildungen zur Fach-, Methoden-, sozialen, personalen Kompetenz)	−☐☐☐☐☐+	
Kommen in Ihrem Anschreiben und/oder CV Schlüsselwörter vor, die zur Stelle passen, die z. B. auch in der Stellenaus-schreibung stehen?	−☐☐☐☐☐+	
Bringen Sie die erforderlichen Sprachkenntnisse mit? (eine/ mehrere Fremdsprache/n, Deutschkenntnisse.)	−☐☐☐☐☐+	

(Fortsetzung)

Tab. 2.1 (Fortsetzung)

Merkmal für die aus-geschriebene Stelle	Ausprägung bei Ihnen / in Ihrem Profil	Konkretisierung: Beschreiben Sie kurz und konkret, warum Sie dieses Merkmal erfüllen.
Haben Sie Aus-landserfahrungen? (Auslandssemester, Aus-landspraktikum …) – Jede Personalerin hat Verständnis, wenn Sie während Corona 2020–2022 Ihre Auslandspläne verschieben bzw. aufschieben mussten.	– ☐ ☐ ☐ ☐ ☐ **+**	
Was haben Sie über Ihr Studium „über den Teller-rand" hinaus an Erfahrungen gemacht? (Fachfremde Praktika, Ehrenämter, soziales Engagement im Verein …)	– ☐ ☐ ☐ ☐ ☐ **+**	
Ist Ihre Bewerbung klar strukturiert und ohne Fehler? (CV max. 2 Seiten, Anschreiben 1 Seite, keine Rechtschreib- und Grammatik-fehler, übersichtliches Layout …)	– ☐ ☐ ☐ ☐ ☐ **+**	
„Cultural Fit": Vermitteln Ihre Unterlagen ein persönliches Bild von Ihnen, das zur Unter-nehmenskultur passt?	– ☐ ☐ ☐ ☐ ☐ **+**	
Können Sie souverän mit Officeprogrammen wie Word, Excel, Powerpoint umgehen?	– ☐ ☐ ☐ ☐ ☐ **+**	
Beherrschen Sie Grundlagen der Datenanalyse?	– ☐ ☐ ☐ ☐ ☐ **+**	
Verstehen Sie die Logik einer Programmiersprache?	– ☐ ☐ ☐ ☐ ☐ **+**	

Tab. 3.1 Ihre persönlichen Interessen

Interesse 1:
Interesse 2:
Interesse 3:

Tab. 3.2 Ihr persönliches Engagement

Tab. 3.4 Pool an Verben, um fachliche Kompetenzen zu erkennen und zu beschreiben

analysieren – organisieren – delegieren – managen – verwalten – sichten – erfassen – lesen – schreiben – sprechen – erstellen – präsentieren – formulieren – definieren – lösen – umsetzen – kritisieren – lernen – vermitteln – strukturieren – anwenden – entwerfen – evaluieren – kontrollieren – programmieren – leiten – führen – auswerten – darstellen – interpretieren – bewerten – zusammenfassen – entwickeln – gliedern – usw.

Tab. 3.5 Ihre fachlichen Kompetenzen

Kompetenz	Beschreiben Sie diese Kompetenz in ein bis zwei Sätzen und nennen Sie dabei ein Beispiel, wie Sie diese Kompetenz bereits eingesetzt haben.

Tab. 3.6 An welchen fachlichen Kompetenzen arbeiten Sie gerade, welche wollen Sie noch erwerben?

Kompetenz	Beschreiben Sie diese Kompetenz in ein bis zwei Sätzen und wie und warum Sie diese erwerben wollen.

Tab. 3.7 Pool an sozialen Kompetenzen

Auf Andere zugehen – Empathie/Einfühlungsvermögen – Fähigkeit zu Delegieren – Fähigkeit, auch Nein zu sagen – Führungsfähigkeiten fachlich – Führungsfähigkeiten persönlich – Grenzen erkennen und ziehen – Hilfsbereitschaft – Interkulturelle Kompetenz – Anpassungsfähigkeit – Kommunikationsfähigkeit – Konfliktfähigkeit – Kooperationsfähigkeit – Kritikfähigkeit (Kritik an Andere richten) – Kritikfähigkeit (Kritik empfangen) – Moderationsgeschick – Problembewusstsein und Lösungsorientierung – Motivationsfähigkeit (mit Blick auf Andere) – Networking – Offenheit gegenüber Anderen – Teamfähigkeit – Umgangsformen – Verantwortungsbewusstsein (mit Blick auf Andere) – Verhandlungsgeschick – …

Tab. 3.8 Ihre sozialen Kompetenzen

Kompetenz	Beschreiben Sie diese Kompetenz in ein bis zwei Sätzen und nennen Sie dabei ein Beispiel, wie Sie diese Kompetenz bereits eingesetzt haben.

Tab. 3.9 In welchen sozialen Kompetenzen wollen Sie noch wachsen, sehen Sie Entwicklungs-potenzial?

Kompetenz	Beschreiben Sie diese Kompetenz in ein bis zwei Sätzen und wie Sie daran arbeiten.

Tab. 3.10 Pool an methodischen Kompetenzen

analysieren – organisieren – delegieren – managen – verwalten – sichten – erfassen – lesen – schreiben – sprechen – erstellen – präsentieren – formulieren – definieren – lösen – umsetzen – kritisieren – lernen – vermitteln – strukturieren – anwenden – entwerfen – evaluieren – kontrollieren – programmieren – leiten – führen – aus-werten – darstellen – interpretieren – bewerten – zusammenfassen – entwickeln – gliedern – usw.

Tab. 3.11 Ihre methodischen Kompetenzen

Kompetenz	Beschreiben Sie diese Kompetenz in ein bis zwei Sätzen und nennen Sie dabei ein Beispiel, wie Sie diese Kompetenz bereits eingesetzt haben.

Tab. 3.12 An welchen methodischen Kompetenzen arbeiten Sie gerade, welche wollen Sie noch erwerben?

Kompetenz	Beschreiben Sie diese Kompetenz in ein bis zwei Sätzen und wie und warum Sie diese erwerben wollen.

Tab. 3.13 Pool an persönlichen Kompetenzen

anpassungsfähig – ausdrucksstark – authentisch – begeisterungsfähig – belastbar – durchsetzungsstark – eigenverantwortlich – entschieden – extrovertiert – flexibel – glaubwürdig – initiativ – innovativ – introvertiert – intuitiv – konservativ – kontrolliert – kreativ – leistungsbereit – leistungsorientiert – lernfähig – lernwillig – liberal – loyal – motiviert – mutig - offen für Neues – organisiert – reflektiert – risikobereit – ruhig – selbstbewusst – selbstkritisch – sorgfältig – stressresistent – systematisch – tolerant – transferfähig – überlegt – veränderungsbereit – verantwortungsvoll – weltoffen – zielorientiert

Tab. 3.14 Ihre persönlichen Kompetenzen

Kompetenz	Beschreiben Sie diese Kompetenz in ein bis zwei Sätzen und nennen Sie dabei ein Beispiel, wie Sie diese Kompetenz bereits eingesetzt haben.

Tab. 3.15 Bei welchen persönlichen Kompetenzen sehen Sie noch Wachstumsbedarf?

Kompetenz	Beschreiben Sie diese Kompetenz in ein bis zwei Sätzen und wie Sie daran arbeiten

Tab. 3.16 Zusammenfassung Ihrer wichtigsten Kompetenzen

Meine fachlichen Kompetenzen:	Meine sozialen Kompetenzen:
Meine methodischen Kompetenzen:	Meine personalen Kompetenzen:

Tab. 3.17 Zusammenfassung Ihrer Entwicklungsfelder

fachliche Kompetenzen:	soziale Kompetenzen:
methodische Kompetenzen:	personale Kompetenzen:

Tab. 3.18 Gesprächsnotizen Fremdbild

Person:	Notizen zum Feedback der Person:

Tab. 4.1 Kompetenzen, die Sie in Ihrem Studium erwarben

Kompetenz:	Konkretisierung, Nennen Sie ein Beispiel:

(Fortsetzung)

Tab. 4.1 (Fortsetzung)

Tab. 5.1 Ihre Nebenfächer

Welche Nebenfächer haben Sie warum gewählt? (Antwort in ein bis zwei Sätzen)

Tab. 7.1 Checkliste für Rückfragen bei der Kranken- / Sozialversicherung

☐	Ist es ein Pflichtpraktikum oder ein freiwilliges Praktikum?
☐	Wie lange dauert das Praktikum?
☐	Durchschnittliche Wochenarbeitszeit während des Semesters
☐	Durchschnittliche Wochenarbeitszeit in den Semesterferien
☐	Ist die Vergütung innerhalb der Grenzen kurzfristiger / geringfügiger Beschäftigung?
☐	Sind Sie familien- oder einzelversichert?
☐	Beziehen Sie neben dem Praktikum andere Sozialleistungen wie BAföG oder Wohngeld?

Tab. 7.2 Notizen zu Ihren Praktikumsplänen

	Praktikum	Grober Zeitplan:
☐	fachnah:	
☐	fachfremd:	
☐	Auslandspraktikum:	

Tab. 7.3 Checkliste Vorbereitung eines Praktikums

☐	Bewerbungsunterlagen aktuell
☐	ggf. Urlaubssemester beantragen
☐	Klärung offener Fragen mit der Krankenkasse
☐	Klärung offener Fragen mit anderen Behörden

Tab. 7.4 Suche nach einem Auslandspraktikum

☐	Welches Land reizt Sie besonders?
☐	In welcher Branche bzw. in welchem Berufsfeld möchten Sie ein Praktikum machen?
☐	Welche Unternehmen im Ausland interessieren Sie?

Tab. 7.5 Checkliste Auslandspraktikum

☐	Praktikum im Wunschland suchen (6-8 Monate vor Praktikumsbeginn)
☐	Bewerbung
☐	Zusage
☐	Praktikumsvertrag (wichtig!)
☐	Visum/Arbeitserlaubnis
☐	Bei Interesse: Bewerbung für Stipendium (sobald Zusage/Praktikumsvertrag vorliegt)
☐	Gültiger Reisepass
☐	Kranken-, Haftpflicht-, Unfallversicherung
☐	Impfungen
☐	Unterkunft
☐	Untermieter für die Wohnung/das Zimmer zuhause
☐	Flug-, Bus- oder Bahnticket
☐	Internationalen Studierendenausweis beantragen
☐	Sprachkenntnisse auffrischen
☐	Interkulturelle Vorbereitung
☐	Information über das Zielland und den Zielort
☐	Melden beim Bürgerbüro im Ausland
☐	Lohnsteuerkarte beantragen (falls gewünscht)

(Fortsetzung)

Tab. 7.5   (Fortsetzung)

☐	Bankkonto im Ausland eröffnen
☐	Handy: Vertrag oder Pre-Paid Card
☐	Fahrkarte für öffentliche Verkehrsmittel
☐	Praktikumszeugnis (wichtig!)
☐	Praktikumsbericht

Tab. 7.6   Kompetenzen sind mit meinem Nebenjob verbunden?

Fachkompe- tenzen:	
Soziale Kom- petenzen:	
Methodische Kompetenzen:	
Personale Kompetenzen:	

Tab. 7.7 Checkliste Nebenjobs/Tätigkeiten als Werkstudentin

☐	Während des Semesters können Sie durchschnittlich bis zu 20 Stunden pro Woche für ein Unternehmen neben dem Studium arbeiten.
☐	Während der Semesterferien können Sie mehr 20 Wochenstunden arbeiten.
☐	Verdienen Sie bis zu EUR 450, so handelt es sich um einen Mini-Job. Sie sind von der Sozialversicherung befreit. Sie müssen aber krankenversichert sein.
☐	Verdienen Sie bis zu EUR 850, so handelt es sich um einen Midi-Job. Sie sind sozialversichert, profitieren aber von günstigen Beitragssätzen. Nach 12 Monaten haben Sie Anspruch auf Arbeitslosengeld.

Tab. 7.8 Checkliste für Ihr Semester im Ausland

☐	Informieren Sie sich an Ihrer Hochschule / Ihrer Fakultät über Partnerhochschulen im Ausland. Welche Länder/Hochschulen kommen in Frage?
☐	Informieren Sie sich über Fördermöglichkeiten wie ERASMUS oder DAAD. Welche kommen in Frage?
☐	Beachten Sie bei Ihren Vorbereitungen die Bewerbungsfristen.
☐	In welchem Semester macht der Auslandsaufenthalt für Sie Sinn? (Viele Bachelor-Studierende machen diesen ab dem 4./5. Semester.
☐	Verfügen Sie über ausreichende ggf. nachzuweisende Sprachkenntnisse? (z.B. TOEFL, IELTS, DAAD)
☐	Informieren Sie sich über die Lehrveranstaltungen an Ihrer Wunschuniversität.

(Fortsetzung)

Tab. 7.8 (Fortsetzung)

☐	Besprechen Sie die Möglichkeiten der Anerkennung der gewünschten Kurse mit Ihrem Studiengangskoordinator/Erasmus-Koordinator.
☐	Dokumentieren Sie (Transcript of Records) Ihre im Ausland erbrachten Studienleistungen.

Tab. 7.9 Checkliste Zusatzqualifikationen

	Zusatzkurs	geplant wann?
☐	Business English	
☐	English Conversation	
☐	Fachspezifischer Fremdsprachenkurs in:	
☐	Eine neue Fremdsprache lernen:	
☐	Grundlagen der Betriebswirtschaftslehre	
☐	Projektmanagement	
☐	Excel / Tabellenkalkulation	
☐	Programmieren mit Visual Basic	
☐	Programmiersprache lernen:	
☐	Office Software – Grundkenntnisse erweitern	
☐	Bewerbungstraining	
☐	Business Case Übungen / Fallstudien	
☐	Marketing / Vertrieb	
☐	10 Finger Schreiben	
☐	Personalmanagement	
☐	Arbeitsrecht	
☐	Personalentwicklung	
☐	Präsentationstechniken	

(Fortsetzung)

Tab. 7.9 (Fortsetzung)

☐	Rhetorik	
☐	Konfliktmanagement	
☐	Selbstmanagement	
☐	Verhandeln (nach Harvard)	
☐	Stressresistenz und Resilienz	
☐	Grafikbearbeitung	
☐	Richtig Lernen	
☐	Wissenschaftliches Recherchieren, Schreiben, Publizieren	
☐	Interkulturelle Kompetenzen	
☐	Statistik / Data Science	
☐	Wirtschaftsinformatik	
☐	Eigene Ideen:	
☐	Eigene Ideen:	
☐	Eigene Ideen:	

Tab. 8.1 Checkliste Profil in sozialen Netzwerken

☐	Verwenden Sie ein aktuelles, professionelles und bewerbungstaugliches Foto von sich.
☐	Ihre Angaben zu Tätigkeiten und Berufserfahrungen müssen inhaltlich und zeitlich deckungsgleich mit denen Ihres CVs sein.
☐	Beschreiben Sie Ihre Person und Persönlichkeit in den entsprechenden Feldern so, wie Sie es im Anschreiben einer Bewerbung tun würden. Lassen Sie Ihre Texte auf Rechtschreib- und Tippfehler von einer Freundin gegenlesen.
☐	Werden Sie (nur) bewusst Mitglied einer oder mehrerer Gruppen auf LinkedIn und/oder XING. Auch Ihre Mitgliedschaften sagen etwas über Sie aus.
☐	Nehmen Sie nicht blind jede Kontaktanfrage an, sondern checken Sie jede Anfrage danach, ob Sie diese Person kennen und/oder ob Ihnen dieser Kontakt einen Mehrwert bringt.
☐	Achten Sie immer darauf, was Sie in Gruppen, Foren oder auf Seiten online schreiben. Das Netz vergisst nichts. Denken Sie daran, dass Ihre Beiträge möglicherweise in fünf oder zehn Jahren immer noch von Suchmaschinen und damit von potenziellen Arbeitgeberinnen zu finden sind.

☐	Sie müssen nicht warten, bis Sie ein Headhunter oder Recruiter über ein soziales Netzwerk anspricht. Wenn Sie ein bestimmtes Unternehmen interessiert, suchen Sie nach dessen Vertreterinnen (Recruiting, Hochschulmarketing, University Recruiting, …) auf XING und LinkedIn und schreiben Sie diese mit Ihren (gut bedachten und formulierten Fragen) an.
	
	    - Wie sieht der Bewerbungsprozess aus?
	    - Wie viele und welche Interviews gibt es?
	    - Was ist Ihnen besonders wichtig bei einer Bewerbung?
	    - …
	
	Informieren Sie sich aber stets vorher im Karrierebereich des Unternehmens, um keine Fragen zu stellen, die dort bereits beantwortet werden.

Tab. 8.2 Checkliste Anschreiben

☐	Gliederung Ihres CV in klar benannten Überschriften, z.B.: - Persönlicher Werdegang / Lebenslauf / CV als Überschrift - Berufserfahrung - Schulische und akademische Ausbildung - Sprachkenntnisse - IT-Kenntnisse - Ehrenamtliches-soziales Engagement - Persönliche Interessen / Hobbies
☐	Zweispaltiges Format: Links die Zeitangaben, rechts die Inhalte
☐	Einfaches Layout: Verwenden Sie keine Grafiken, beschreiben Sie Ihre Kenntnisse in Worten (z.B.: Sprachkenntnisse oder IT-Kenntnisse)
☐	Umgekehrte Zeitreihenfolge: Aktuelles zuerst.
☐	Keywords / Stichworte: In den stichpunktartigen Beschreibungen Ihrer Ausbildung und Erfahrungen sollten sich einige Stichworte finden, die zur Stellenausschreibung passen, in dieser fallen.
☐	Vermeiden Sie Abkürzungen und Akronyme.
☐	Wenn Sie Dokumente senden oder hochladen sollen: Immer PDF als Format!

Tab. 8.3 Bewerbung per E-Mail

☐	Lesen Sie genau in der Stellenausschreibung, welche Dokumente in welcher Form gefordert werden.
☐	Ihre Bewerbung liegt in einer PDF-Datei vor. Die Datei ist nicht größer als 5 MB und enthält:
☐	Ihr Anschreiben
☐	Ihren CV
☐	Ihre Zeugnisse, Zertifikate und Referenzen
☐	In der E-Mail selbst schreiben Sie entweder einen kurzen Text, z.B. „Sehr geehrte Frau…, anbei finden Sie meine Bewerbungsunterlagen für die Position als … Mit freundlichen Grüßen Vorname Nachname Alternativ können Sie den Text Ihres Anschreibens wiederholen.
☐	Im Betreff der Email: Bewerbung als [exakte Wiedergabe des Titels der ausgeschriebenen Stelle]

Tab. 8.4 Was Sie für eine Bewerbung über ein Online-Portal bereithalten sollten

☐	Lesen Sie genau in der Stellenausschreibung, welche Dokumente in welcher Form gefordert werden.
☐	Ihre persönlichen Daten - Geburtsdatum und -ort - Vollständige Adresse - E-Mail-Adresse, über die Sie erreichbar sind. Idealerweise enthält diese E-Mail-Adresse Ihren Klarnamen.
☐	Die monatsgenauen Angaben zu Ihren beruflichen Erfahrungen. Bereiten Sie diese möglichst unformatiert in einer Text-Datei vor.
☐	Die monatsgenauen Angaben zu Ihren Ausbildungsstationen. Bereiten Sie diese möglichst unformatiert in einer Text-Datei vor.
☐	Ihren CV als PDF Datei, max. 2 Seiten, max. 2 MB
☐	Einen Motivationstext für die Stelle als PDF auf einer Seite. In einigen Fällen müssen Sie diesen nicht als Datei hochladen sondern in ein Textfeld eingeben.
☐	Ihre Referenzen, Zeugnisse und Zertifikate - entweder als eine Datei mit max. 5 MB - oder einzelne Dokumente mit max. 1MB pro gescanntes Dokument
☐	Notieren Sie sich Stichwörter, die die Stellenbeschreibung enthält und verwenden Sie einige davon in den Texten, die Sie eingeben müssen: - in Ihrem Motivationstext - in Ihren Ausbildungsstationen - in Ihren Berufserfahrungen

Tab. 8.5 Checkliste Anschreiben

☐	Das Layout ist stimmig zum Lebenslauf. Auch in das Anschreiben gehören die vollständigen Kontaktdaten: - Anschrift - Telefon- und Handynummer - Private E-Mail-Adresse (mit Klarnamen, keine Spitznamen oder Ähnliches, bekannter Provider oder eigene Domain)
☐	Auch ins digitale Anschreiben gehört die Anschrift des Unternehmens. Stimmt diese mit der in der Anzeige überein? - Vollständiger Unternehmensname mit Rechtsform - Abteilung (wie in der Anzeige angegeben) - Ansprechpartner/in (heute ohne die Anrede „Herr / Frau", nur den Namen nennen)
☐	Ist das Datum aktuell und stimmt mit dem im Lebenslauf überein? - Form: Ort, TT.MM.JJJJ
☐	In der Betreffzeile - Kein „betrifft", „Betreff:" oder Ähnliches schreiben - Die Stellenbezeichnung exakt so benennen wie in der Anzeige - ggf. eine Referenznummer und/oder die Quelle der Anzeige angeben
☐	Verweis - Falls Sie vorab Kontakt mit dem Unternehmen hatten, beziehen Sie sich in der Einleitung auf diesen direkten Kontakt namentlich
☐	Anrede - Sprechen Sie den in der Adresse genannten Ansprechpartner an. - Ist der Name korrekt geschrieben?
☐	Anforderungen - Nehmen Sie in Ihrem Anschreiben Bezug auf die Anforderungen der Stelle?
☐	Erfahrungen - Nennen Sie Ihre für die Stelle relevante Berufserfahrung?

(Fortsetzung)

Tab. 8.5 (Fortsetzung)

☐	Ist Ihr Anschreiben frei von Problemschilderungen (z. B. mit dem letzten Arbeitgeber)?
☐	Nennen Sie Beispiele für Ihre erfolgreiche Arbeit?
☐	Ist Ihr Anschreiben auch für Fachfremde (Personalverantwortliche) verständlich? - Verwenden Sie keine Abkürzungen
☐	Nennen Sie Gehaltswunsch (falls gefordert) und Ihren Eintrittstermin?
☐	Deckt sich Ihr Schreiben gut mit dem Profil der Stellenanzeige?
☐	Ist Ihr Anschreiben unterschrieben? - Unter der Unterschrift wird der Name nicht noch einmal maschinell wiederholt!
☐	Haben Sie eine dritte Person das Anschreiben Korrektur lesen lassen? - Geben Sie der dritten Person auch die Stellenanzeige zum Cross Check

Tab. 8.6 Checkliste CV

☐	Welchen ersten Eindruck hinterlässt Ihr CV? Lassen Sie eine dritte Person Feedback geben…

	- …zur Übersichtlichkeit
	    - …zur Verständlichkeit
	    - …zur Anpassung an die Anforderungen der Stelle

☐	Sind Ihre Kontaktdaten vollständig?

	- Der vollständige Vor- und Zuname
	    - Die Anschrift, unter der Sie postalisch erreichbar sind.
	    - Telefonnummer, am besten geben Sie Ihre Mobilfunknummer an, da Personalerinnen grundsätzlich keine Nachrichten auf einem Festnetz-Anrufbeantworter hinterlassen.
	    - Private Email-Adresse: Verwenden Sie eine Adresse mit Klarnamen, keine Kose- oder Spitznamen. Idealerweise legen Sie sich einen eigenen Account für Bewerbungen an. Verwenden Sie einen einigermaßen bekannten Email-Provider, damit Ihre Mails nicht versehentlich Spam-gefiltert werden.

☐	Haben Sie an alle persönlichen Daten gedacht?

	- Geburtsdatum
	    - Geburtsort
	    - Nationalität, ggf. Aufenthaltsstatus und Arbeitserlaubnis
	Den Familienstand und Kinder können Sie, müssen Sie aber nicht angeben.

☐	Ist die Gliederung Ihres CV stimmig und für jemanden, der Sie nicht kennt, nachvollziehbar?

	- Stehen mit Blick auf die Stelle die wichtigsten und aktuellsten Ereignisse oben?
	    - Zeitanalyse: Gibt es zu füllende Lücken, die länger als ca. sechs Monate sind?
	    - Positionsanalyse: Gibt es einen roten Faden, der durch Ihre Karriere führt? Kann Ihre persönliche und berufliche Weiterentwicklung erkennen?

☐	Sind folgende Punkte enthalten?

	- Beruflicher Werdegang
	    - Berufliche Fort- und Weiterbildung
	    - Akademischer und schulischer Werdegang
	    - ggf. Berufsausbildung
	    - Schulischer Werdegang (nur letzter, höchster Abschluss)
	    - IT- und Sprachkenntnisse
	    - ggf. ehrenamtliches Engagement

(Fortsetzung)

Tab. 8.6 (Fortsetzung)

☐	Sind alle Zeitangaben gleich formatiert?
	
	   - z. B. MM/JJJJ oder MM/JJ
	   - MM/JJ bis MM/JJ
	   - Ist der Bindestrich zwischen den Angaben einheitlich lang?

☐	Haben Sie Abkürzungen vermieden?
☐	Verstehen auch unternehmens-/studienfremde Personen Ihre Tätigkeiten und Ausbildungen? - Haben Sie Ihre Tätigkeiten, Ihr Studium und/oder Ihre Ausbildung in einigen Stichpunkten erläutert?

☐	Beruflicher Werdegang
	
	   - Haben Sie alle Stellen angegeben?
	   - Sind die Angaben zur Dauer der Beschäftigung monatsgenau?
	   - Stimmen die Angaben mit denen in mitgesandten Zeugnissen überein?
	   - Sind die Tätigkeiten immer einheitlich aufgebaut?
	
	Beispiel für einen einheitlichen Aufbau:
	
	MM.JJJJ – MM.JJJJ Unternehmen inkl. Gesellschaftsform, Unternehmensstandort
	Stellenbezeichnung
	   • Stichpunkt 1 – Ihre Tätigkeit
	   • Stichpunkt 2 – Ihre Tätigkeit
	   • Stichpunkt 3 – Ihre Tätigkeit
	   • Ggf. herausragende Leistung in Ihrem Job
	
	Wenn Sie viele Jahre für einen Arbeitgeber in verschiedenen Positionen gearbeitet haben, können Sie wie folgt gliedern:

(Fortsetzung)

Tab. 8.6 (Fortsetzung)

MM.JJJJ – MM.JJJJ Unternehmensstandort	Unternehmen inkl. Gesellschaftsform, Unternehmensstandort
	MM.JJJJ – MM.JJJJ Stellenbezeichnung
	• Stichpunkt 1 – Ihre Tätigkeit
	• Stichpunkt 2 – Ihre Tätigkeit
	• Stichpunkt 3 – Ihre Tätigkeit
	• Ggf. herausragende Leistung in Ihrem Job
	MM.JJJJ – MM.JJJJ Stellenbezeichnung
	• Stichpunkt 1 – Ihre Tätigkeit
	• Stichpunkt 2 – Ihre Tätigkeit
	• Stichpunkt 3 – Ihre Tätigkeit
	• Ggf. herausragende Leistung in Ihrem Job
	MM.JJJJ – MM.JJJJ Stellenbezeichnung
	• Stichpunkt 1 – Ihre Tätigkeit
	• Stichpunkt 2 – Ihre Tätigkeit
	• Stichpunkt 3 – Ihre Tätigkeit
	• Ggf. herausragende Leistung in Ihrem Job

☐ Akademischer und schulischer Werdegang

- Haben Sie alle Ausbildungsstationen ab dem höchsten weiterführenden Schulabschluss angegeben?
- Sind die Angaben zur Dauer monatsgenau?
- Stimmen die Angaben mit denen in mitgesandten Zeugnissen überein?
- Haben Sie ggf. Studien- und/oder Ausbildungsschwerpunkte angegeben?

MM.JJJJ – MM.JJJJ Hochschulort	ausgeschriebener Name der Hochschule, Hochschulort
	Studiengang mit (ggf. angestrebtem) Abschluss
	• Studienschwerpunkte
	• und/oder Nebenfächer
MM.JJJJ – MM.JJJJ	ggf. Auslandssemester, Hochschule, Land, Ort
	• fachlicher Schwerpunkt
MM.JJJJ – MM.JJJJ	Name der weiterführenden Schule, Ort
	Bezeichnung des Schulabschlusses

- Geben Sie nur die Schule an, in der Sie die Hochschulreife erworben haben.
- Berufsausbildungen und den damit verbundenen Berufsschulabschluss können Sie wie folgt angeben

(Fortsetzung)

Tab. 8.6 (Fortsetzung)

MM.JJJJ – MM.JJJJ	Unternehmen inkl. Gesellschaftsform, Unternehmensstandort
nehmensstandort	Ausbildung zur Ausbildungsberufsbezeichnung, z.B. IHK/HWK

- Die Angabe von Abschlussnoten ist meist Geschmacksache, tendenziell verzichtet man darauf, da die Personalerin die Noten in den Anlagen zur Bewerbung sehen kann.
- Ausnahme sind Branchen / Berufe wie z.B. beim juristischen Staatsexamen, bei dem die Noten noch eine entscheidende Rolle spielen.

☐ Auslandsaufenthalte

- Haben Sie alle mehrmonatigen Auslandsaufenthalte entweder integriert oder in einem extra Punkt aufgeführt?

IT- und Sprachkenntnisse

- Haben Sie alle relevanten IT- und Sprachkenntnisse mit nachvollziehbaren Angaben zum Umfang Ihrer Kenntnisse versehen?

Deutsch	Muttersprache
Englisch	verhandlungssicher C1+
Französisch	sehr gut B2
Schwedisch	gut B1
MS Office	sehr gute Anwenderkenntnisse (inkl. Visual Basic)
Spezialsoftware	Zertifikat in …
Spezialsoftware	erweiterte Anwenderkenntnisse
Java Script	gute Programmierkenntnisse
Python	Grundkenntnisse in der Programmierung

☐ Ehrenamtliches Engagement / außeruniversitäre Aktivitäten

- Ihr Engagement sagt viel über Sie aus. Hier gilt das Prinzip: Tue Gutes und rede darüber

MM.JJJJ – heute	Organisation, Ort
	Bezeichnung Ihres Engagements
	• ggf. kurze Beschreibung
MM.JJJJ – MM.JJJJ	Teilnahme an einem Programm (z.B. Mentoring)
	Ihre Rolle
	• ggf. kurze Beschreibung

(Fortsetzung)

Tab. 8.6 (Fortsetzung)

☐	**Hobbys**
	- Auch wenn es nicht meinem persönlichen Geschmack als Personaler entspricht, können Sie Hobbys angeben.
☐	**Sonstiges**
	- Streichen Sie diesen Punkt. Entweder sind diese Inhalte wichtig genug, um Platz unter einer der anderen Überschriften zu finden oder sie können getrost weggelassen werden.
☐	**Datum und Unterschrift**
	- Stimmt das Datum Ihres CV mit dem Ihres Anschreibens überein?
	- Eine eingescannte Unterschrift ist schön aber kein Muss.
☐	Machen Sie im CV keine Angaben, ob Sie Kinder, egal in welchem Alter haben. Ihre Familienplanung hat im Bewerbungsprozess nichts verloren. Es ist zurecht Ihre Privatsache und eine potenzielle Arbeitgeberin muss davon ausgehen, dass Sie Ihre Planungen hier im Griff haben. Noch besser: Die Arbeitgeberin bietet eine entsprechende Arbeitsorganisation und Infrastruktur, die Sie und Ihre Familie unterstützt (z.B. unternehmenseigene KITA, flexible Arbeitszeit- und -ortsmodelle)

Tab. 8.7 Checkliste Referenzen

☐	Promotionsurkunde und -zeugnis: obligatorisch, falls vorhanden
☐	Masterzeugnis: obligatorisch, falls vorhanden
☐	Bachelorzeugnis: obligatorisch, falls vorhanden
☐	Notenspiegel / Zwischenprüfungsleistungen: Je mehr Leistungsbewertungen darin enthalten sind, desto wichtiger wird es im Vergleich zur Hochschulreife.
☐	Zeugnis der Hochschulreife: Je mehr akademische Leistungen Sie bereits erbracht haben, desto unwichtiger wird das Zeugnis. Spätestens nach dem Bachelor kann es in den meisten Fällen weggelassen werden.
☐	Berufsschulzeugnis: Wichtiger als Ihr Berufsschulzeugnis wäre ein Arbeits- / Ausbildungszeugnis Ihres Ausbildungsbetriebs

Tab. 8.8 Checkliste Arbeitszeugnisse

☐	Trägt das Zeugnis die Überschrift „Arbeitszeugnis", „Praktikumszeugnis" oder „Zwischenzeugnis"?
☐	Einleitung - Sind im ersten Satz Angaben zu Ihrer Person enthalten: vollständiger Name, Geburtsdatum? - Ist Ihre Tätigkeitsbezeichnung exakt angegeben? - Ist die Beschäftigungsdauer korrekt angegeben? → stimmen diese mit Ihren Angaben im CV überein?
☐	Positionen - Falls Sie in einem Unternehmen mehrere Stationen hatten, verschiedene Positionen bekleidet haben, sind diese richtig und vollständig aufgeführt?
☐	Tätigkeitsbeschreibungen - Wird verständlich und genau beschrieben, was Sie im Unternehmen an Aufgaben übernommen haben? - Relevant sind die Tätigkeiten, die Sie tatsächlich übernommen haben, ggf. auch über Ihren ursprünglichen Arbeitsvertrag hinaus.
☐	Leistungsbeurteilung - Werden Ihre fachlichen Kompetenzen positiv beurteilt? Das Wort „stets" ist ein Hinweis für eine sehr gute Leistung. - Werden Ihre persönlichen Kompetenzen gewürdigt? Achten Sie darauf, dass darunter keine Selbstverständlichkeiten wie Pünktlichkeit sind. - Wird Ihr Fachwissen und Ihre Fähigkeit zu dessen Anwendung beurteilt? - Wird ggf. Ihre unternehmensinterne Fort- und Weiterbildung berücksichtigt?
☐	Zusammenfassende Bewertung - Gibt es eine zusammenfassende Bewertung Ihrer Leistungen? - „stets zu unserer vollsten Zufriedenheit" = sehr gut - „stets zu unserer vollen Zufriedenheit" = gut bis sehr gut - „zu unserer vollen Zufriedenheit" = gut
☐	Ende des Arbeitsverhältnisses

(Fortsetzung)

Tab. 8.8 (Fortsetzung)

	- Ist das korrekte Datum des Endes der Arbeitsbeziehung angegeben und stimmt es mit dem Ausstellungsdatum des Zeugnisses überein? - Ist es ein gerades Datum zur Monatsmitte oder zum Monatsende oder im Falle einer Befristung das entsprechende Datum? Krumme Daten sind ein Zeichen für eine fristlose Kündigung. - „… verlässt uns zum … auf eigenen Wunsch" – Sie haben gekündigt - „… endet zum … im besten gegenseitigen Einvernehmen …" – Sie haben einen Aufhebungsvertrag geschlossen. Auch hier gelten krumme Daten als Alarmzeichen für ein ungutes Ende. - „… trennen wir uns von …" – Sie wurden gekündigt. - „… mit Ende der vereinbarten Vertragslaufzeit …" Sie haben einen befristeten Vertrag erfüllt.
☐	Dankes- und Bedauernsformel sowie Zukunftswünsche - Enthält Ihr Zeugnis diese Formel, in der man Ihr Ausscheiden bedauert, sich bei Ihnen bedankt und Ihnen alles Gute für die Zukunft wünscht?

Tab. 8.9 Checkliste persönliche Referenz

☐	Ist die Person, die die Referenz gibt, in entsprechender „wichtiger" Position?
☐	Ist das Schreiben fehlerfrei?
☐	Eine persönliche Referenz enthält in der Einleitung eine kurze Beschreibung der Art und Dauer Ihrer Beziehung zur Referenzgeberin.
☐	Ihre Referenzgeberin hebt hervor, welche persönlichen, sozialen und fachlichen Kompetenzen sie an Ihnen schätzt, am besten mit möglichst konkreten Beispielen.
☐	Abschließen sollte das Referenzschreiben mit einer Empfehlung für Sie für bestimmte Positionen / Stellen / Aufgaben.
☐	Steht die Person für Nachfragen zur Verfügung und hat Kontaktdaten hierfür angegeben?

Tab. 8.10 Checkliste Zeugnisse Fort- und Weiterbildung

☐	Sind die Zeugnisse (insbesondere im IT-Bereich) noch aktuell?
☐	Passen die ausgewählten Zeugnisse zur Stelle, auf die Sie sich bewerben?
☐	Geben die Zeugnisse eine relevante / renommierte Leistung wieder? - Renommierte Bildungsinstitution - Hinreichender Umfang der Fort- und/oder Weiterbildung

Tab. 8.11 Zusammenfassung Bewerbungsunterlagen

☐	Haben Sie Ihre Unterlagen in einem PDF-Dokument zusammengefasst? - Anschreiben - CV - Referenzen Senden Sie die Dokumente ausschließlich als PDF. Nur so ist gewährleistet, dass Ihre Bewerbung auch auf dem Rechner des Unternehmens genauso aussieht wie auf Ihrem. - Senden Sie keine zip-Datei! - Senden Sie alles als eine Datei! Alternativ können Sie Ihr Anschreiben auch in die Email schreiben. In diesem Fall brauchen Sie es nicht noch einmal in die PDF Datei integrieren.
☐	Haben Sie sich bei der Dateigröße an die Vorgaben aus der Stellenanzeige gehalten? - in der Regel zwischen 2 und 5 Mbyte
☐	Haben Sie alle Dokumente in die Bewerbung integriert, die gefordert werden?
☐	Versenden Sie Ihre Bewerbung über den Email-Account, den Sie auch in Ihren Unterlagen angeben.
☐	Bleiben Sie in Ihrer Email förmlich. - Sehr geehrte*r Frau/Herr - Mit freundlichen Grüßen

Tab. 8.12 So gestalten Sie Ihr Onlineprofil richtig

☐	Professionelles Profilbild: Während das Bild im CV auf dem Rückzug ist, ist es in den genannten professionellen Netzwerken wichtig. Präsentieren Sie sich seriös auf diesem Bild. Wählen Sie zudem einen ansprechenden und reizarmen Banner-Hintergrund.
☐	Profilüberschrift: Geben Sie Ihrem Profil eine ansprechende Überschrift, die Ihre Expertise auf den Punkt bringt.

☐	Schreiben Sie eine kurze Zusammenfassung Ihres Werdegangs.
	  - Welche beruflichen Stationen haben Sie wie geprägt?
	  - Welche Ausbildungen/Spezialisierungen bringen Sie mit?
	  - Was zeichnet Sie als Person im Arbeitskontext aus (soziale und personale Kompetenzen)?

☐	Übernehmen Sie in chronologischer, monatsgenauer Reihenfolge alle beruflichen Stationen aus Ihrem CV. Ihre Angaben in CV und Profil müssen identisch sein.
☐	Nennen Sie im Profil an den entsprechenden Stellen Ihre persönlichen, sozialen, fachlichen und methodischen Kompetenzen.
☐	Bitten Sie ehemalige und aktuelle Kolleginnen und Führungskräfte um Bestätigung dieser Kompetenzen.
☐	Personen, denen Sie beruflich in besonderer Weise verbunden sind, können Sie darum bitten, Ihnen eine persönliche Referenz zu schreiben.
☐	Beteiligen Sie sich an professionellen Diskussionen, lesen und liken Sie Artikel und Beiträge.
☐	Meiden Sie hier politische Diskussionen mit populistischem Anstrich. Professionelle Netzwerke eignen sich anders als andere soziale Plattformen nur sehr bedingt für scharfe politische und weltanschauliche Diskurse.
☐	Halten Sie Ihr Profil auf dem Laufenden.
☐	Wahren Sie die Netikette.
☐	Wahren Sie förmliche Umgangsformen, wenn Sie auf neue Kontakte zu gehen. Schreiben Sie eine kurze Nachricht, warum Sie sich mit wem vernetzen wollen.

(Fortsetzung)

Tab. 8.12 (Fortsetzung)

☐	Nehmen Sie vor jeder Bewerbung mit einer Recruiterin / einer Human Resources Managerin / einer Vertreterin des Hochschulmarketing Kontakt auf. Stellen Sie konkrete Fragen zum Unternehmen und Ihrem Bewerbungsvorhaben. Im Anschreiben können Sie sich auf diesen Kontakt beziehen, was ein sehr guter Door-Opener ist.

Tab. 8.13 So gestalten Sie eine eigene Webseite richtig

☐	Einfaches und klares Design mit einer guten Navigation.
☐	„Built for Smartphones": Orientieren Sie sich bei der Gestaltung an der Lesbarkeit auf Smartphones und Tablets.
☐	Heben Sie Ihre Fähigkeiten und Kenntnisse mit konkreten Beispielen hervor. Idealerweise verlinken Sie zu den hier relevanten Unternehmen und Organisationen.
☐	Laden Sie keine Zeugnisse oder Arbeitszeugnisse hoch. Wenn Sie es dennoch tun, verwenden Sie einen kennwortgeschützten Bereich. In der Regel können Sie darauf aber verzichten, weil der Zugriff mit Kennwort für Unternehmen, bei denen Sie sich bewerben zu umständlich ist.
☐	Einmal im Netz sollten Sie die Seite immer aktuell halten.
☐	Verlinken Sie zu Ihren anderen Online Profilen.

Tab. 8.14 Liste Ihrer Bewerbungen

Datum:	Unternehmen:	Stellenbezeichnung:	Stelle ausgeschrieben bis:	Zwischenbescheid erhalten am:	Status:
					☐Zwischenbescheid ☐Absage ☐Zusage ☐Interview am:
					☐Zwischenbescheid ☐Absage ☐Zusage ☐Interview am:
					☐Zwischenbescheid ☐Absage ☐Zusage ☐Interview am:
					☐Zwischenbescheid ☐Absage ☐Zusage ☐Interview am:
					☐Zwischenbescheid ☐Absage ☐Zusage ☐Interview am:
					☐Zwischenbescheid ☐Absage ☐Zusage ☐Interview am:
					☐Zwischenbescheid ☐Absage ☐Zusage ☐Interview am:
					☐Zwischenbescheid ☐Absage ☐Zusage ☐Interview am:
					☐Zwischenbescheid ☐Absage ☐Zusage ☐Interview am:
					☐Zwischenbescheid ☐Absage ☐Zusage ☐Interview am:

(Fortsetzung)

Tab. 8.14 (Fortsetzung)

					☐Zwischenbescheid ☐Absage ☐Zusage ☐Interview am:
					☐Zwischenbescheid ☐Absage ☐Zusage ☐Interview am:
					☐Zwischenbescheid ☐Absage ☐Zusage ☐Interview am:
					☐Zwischenbescheid ☐Absage ☐Zusage ☐Interview am:
					☐Zwischenbescheid ☐Absage ☐Zusage ☐Interview am:

Tab. 8.15 Typische Stressfragen

☐	Stärken und Schwächen: Hierzu haben Sie sich in den vorangegangenen Kapiteln bereits ausführlich Gedanken gemacht.
☐	Umgang mit Konflikten im Team oder als Führungskraft: Eignen Sie sich in der Fachliteratur Grundkenntnisse an. Besser noch: Besuchen Sie entsprechende Seminare ergänzend zu Ihrem Studium. Generell gilt: Konflikte wollen moderiert werden und von der Beziehungs- und emotionalen Ebene möglichst auf eine sachliche Ebene gebracht werden. Recherche-Tipps: Harvard-Prinzip / Nein sagen können / Grenzen setzen können / Konflikte moderieren.
☐	Schwierige Situation als Führungskraft, Umgang mit schwieriger Mitarbeiterin: Üben Sie hier mit Bekannten typische Situationen im Rollenspiel. - Konflikt um Urlaubsvergabe - Probleme mit der Leistung einer Mitarbeiterin - Hohe Ausfallzeiten Recherchetipp: Erste Führungsposition meistern. Hintergründe von Konflikten (Eisberg-Modell) erkennen und sachlich thematisieren / Feedback richtig geben (Kennen Sie das Sandwich-Feedback-Modell, überstrapazieren Sie es aber nicht. Denn Ihr Gegenüber (er)kennt es auch ;-)) .
☐	Wie viele Golfbälle passen in einen Golf? … Ja, auch diese Fragen gibt es ab und an. Meist sagen diese mehr über den Interviewer aus, als Ihre Antwort auf die Frage. Es gilt auch hier: Man will sehen, dass Sie die richtige Herangehensweise, die richtige Methode zur Lösung wählen. - Wie würden Sie das Volumen des Innenraums eines Golfs berechnen? Oder wo könnten Sie dies recherchieren? - Wie groß ist ungefähr ein Golfball? - Wie bringen Sie Volumen des Golfs und eines Golfballs mit Blick auf die Anzahl der möglichen Bälle in Verbindung? - …

Tab. 8.16 Fragen, die nichts in einem Bewerbungsgespräch zu suchen haben

☐	Familienplanung inkl. Schwangerschaft. Werden Sie danach gefragt, können Sie hier ggf. beliebige Angaben machen.
☐	Fragen nach Politik und Religion, es sei denn, Sie bewerben sich bei einer politischen oder religiösen Institution.
☐	Vorstrafen und finanzielle Verhältnisse, es sei denn eine Vorstrafe oder nicht geordnete finanzielle Verhältnisse schließen eine Einstellung zwingend aus (z.B., wenn Sie in einer Bank mit Geldbeständen arbeiten).

Tab. 8.17 Checkliste Vorbereitung auf ein Bewerbungsgespräch

☐	Prägen Sie sich die Namen und Positionen Ihrer Ansprechpartnerinnen beim Gespräch ein.
☐	Planen Sie Ihren Weg zum Ort des Bewerbungsgesprächs mit einem ordentlichen zeitlichen Puffer (Stau, Ausfall ÖPNV, etc.). Idealerweise machen Sie eine Probefahrt zur genannten Adresse.
☐	Für den Small Talk: Informieren Sie sich über das Unternehmen und einige seiner Rahmendaten. Sehen Sie sich auf der Webseite aktuelle Projekte an und/oder suchen Sie online nach aktuellen (positiven) Nachrichten über das Unternehmen.
☐	Machen Sie sich Gedanken darüber und fassen diese in Worte, welche Stärken und Qualifikationen Sie für die Stelle mitbringen und was Sie ggf. noch lernen wollen.
☐	Fassen Sie in Worte, wie Sie sich Ihre Arbeit im Unternehmen vorstellen und leiten Sie daraus ggf. auch Fragen ans Unternehmen ab.
☐	Formulieren Sie in ein bis zwei Sätzen, warum Sie sich für das Unternehmen und diese Stelle interessieren…
☐	…und welchen Mehrwert Sie dem Unternehmen bringen wollen.
☐	Seien Sie sich bewusst, dass alle Angaben – mit Ausnahme der unzulässigen – wahrheitsgemäß sein müssen.
☐	Spielen Sie das Bewerbungsgespräch mit einer Freundin als Rollenspiel durch und lassen Sie sich im Anschluss Feedback geben.

Tab. 8.18 So bereiten Sie sich ideal auf ein Onlineinterview vor

☐	Informieren Sie sich über das Unternehmen, seine Produkte, Strategie, Kultur …
☐	Verinnerlichen Sie vor dem Gespräch die Inhalte der ausgeschriebenen Stelle und wie Sie den genannten Anforderungen entsprechen.
☐	Bereiten Sie sich auf typische Interview-Fragen (s.a. Kap. 6.11.1.) vor: Beschreibung Ihres Werdegangs, Ihre Kompetenzen und Stärken mit konkreten Beispielen belegt …
☐	Informieren Sie sich, welche Anwendung (Zoom, Teams, …) für das Interview verwendet wird und üben Sie vorab den Umgang damit…
☐	…zum Beispiel, wie Sie Ihren Screen richtig sharen und/oder Add-ons wie das digitale Whiteboard richtig nutzen.
☐	Sorgen Sie für eine stabile und starke Internetverbindung.
☐	Wählen Sie einen ruhigen Ort aus, an dem Sie während des Interviews nicht gestört werden können.
☐	Suchen Sie sich einen professionellen / neutralen, ggf. virtuellen Hintergrund aus.
☐	Testen Sie Ihre Kamera und Ihr Mikrofon. Ein Headset ist empfehlenswert, da das Mikrofon Hintergrundgeräusche besser herausfiltert.
☐	Ziehen Sie sich an, wie Sie sich für ein lokales Interview anziehen würden.
☐	Legen Sie Unterlagen wie Ihre Bewerbung und die Stellenausschreibung in greifbare Nähe.
☐	Haben Sie Notizblock und funktionierenden Stift griffbereit.
☐	Bereiten Sie Ihre Fragen vor, die Sie den Gesprächspartnerinnen stellen wollen.
☐	Notieren Sie die Namen Ihrer Gesprächspartnerinnen und sprechen Sie diese immer wieder namentlich an.
☐	Seien Sie pünktlich! Loggen Sie sich ca. 5 Minuten vor dem Termin ein.
☐	Achten Sie auf Ihre Körpersprache: Sitzen Sie aufrecht mit angemessenem Abstand zur Kamera. Im Bild sollten Ihr Kopf, Ihr Hals, Ihre Schultern und der obere Teil Ihrer Arme zu sehen sein. (Zu nah an der Kamera zu sitzen, wirkt bedrohlich)
☐	Schauen Sie während des Interviews der angesprochenen Person in die Augen. Wählen Sie daher eine Frontalposition zur Kamera.

Tab. 8.19 So meistern Sie Case-Interviews

☐	Recherchieren Sie im Internet / in der Onlinenachrichten-Recherche: Welche Themen/Fragestellungen sind für das Unternehmen aktuell relevant? Welchen Einfluss haben diese ggf. auf den Arbeitsbereich, in den Sie sich bewerben?
☐	Halten Sie etwas zum Schreiben parat, um sich Notizen zu machen und/oder der Fragestellerin etwas zu skizzieren. Im Falle eines Onlineinterviews: Seien Sie bereit, Ihren Screen mit Ihren Notizen/Skizzen zur Lösung zu sharen.
☐	Schauen Sie bei der Darstellung Ihrer Lösungsskizze Ihrem Gegenüber (auch online) in die Augen.
☐	Arbeiten Sie gerne mit Gesten, um Lösungen zu skizzieren.
☐	Stellen Sie Ihre Fragen zur weiteren Klärung der Case-Situation.
☐	Gehen Sie strukturiert an die Lösung des Cases. Dabei empfehlen sich Herangehensweisen wie die Eisenhower-Methode (Strukturierung der Lösung nach Wichtigkeit und Dringlichkeit), die SWOT-Analyse (Stärken, Schwächen, Chancen, Herausforderungen), KAIZEN (Denken vom Kundennutzen her), Feature-Tree (Eigenschaften eines Produkts und Optimierungsansätze für diese), …
☐	Fragen Sie immer nach Feedback und was Sie ggf. bei einem Case hätten besser machen können.
☐	Siehe auch das Kapitel zum Assessment Center.

Tab. 8.20 Vorbereitung auf Bewerbungsvideos

☐	Üben Sie, sich selbst kurz und prägnant in max. 3 Minuten vorzustellen.
☐	Machen Sie Probeaufnahmen zu den oben genannten Beispielfragen.
☐	Wählen Sie den gleichen Dresscode wie für ein klassisches Interview.
☐	Wählen Sie wie beim Online-Interview einen ruhigen Ort.
☐	Checken Sie vorab Ihr technisches Equipment: Headset, Internetverbindung, Kamera
☐	Positionieren Sie Ihre Kamera so, dass Sie gut sichtbar sind und achten Sie auch auf Ihre Mimik und Gestik.
☐	Bleiben Sie auch hier authentisch.

Tab. 8.22 Wie Sie an einen Business Case / eine Fallstudie herangehen

1.	Überblick verschaffen: Verschaffen Sie sich einen ersten Überblick. Achten Sie dabei insbesondere auf Abbildungen, Tabellen, Überschriften und hervorgehobene Informationen
2.	Probleme nach Dringlichkeit und Wichtigkeit sortieren: Lesen Sie vorhandene Texte und Angaben ein zweites Mal durch. Machen Sie sich Notizen/Anmerkungen. Anschließend versuchen Sie, die Kern-/Hauptprobleme zu identifizieren
3.	Visualisierung der Zusammenhänge: Stellen Sie die relevanten kausalen Zusammenhänge in einer Grafik dar
4.	Einflussfaktoren: Überlegen Sie, welche unternehmensinternen und/oder externen Faktoren das Geschehen/den Fall beeinflussen
5.	Ressourcen- und Aufwandsanalyse: Welche Ressourcen benötigen Sie, um den Fall zu lösen? Dazu zählen Personal-, Sach- und sonstige organisationale Ressourcen. Im Anschluss machen Sie sich Gedanken zu den damit verbundenen Kosten
6.	Lösungs- und Ergebnis-Szenarien: Stellen Sie Ihre Lösung in Szenarien dar. Berücksichtigen Sie dabei einen „Best", einen „Worst" und den „Most "
7.	Umsetzung/Plan/konkrete Ziele:: Erarbeiten Sie einen Plan zur Umsetzung Ihrer Lösung. Definieren Sie konkrete, messbare, realistische und zeitlich definierte Ziele
8.	Lösungsfokussierte Präsentation: Präsentieren Sie die Lösung Ihres Falls in Präsentation mit max. 5 Folien

Tab. 8.23 Checkliste für die ersten hundert Tage im neuen Job

☐	Setzen Sie sich schriftlich konkrete Lernziele.
☐	Nutzen Sie die ersten Tage und Wochen dazu, Ihren Kolleginnen und Ihrer Führungskraft alle Fragen zu stellen, die Ihnen in den Sinn kommen.
☐	Achten Sie insbesondere dann auf gutes Nachfragen im Sinne der Auftragsklärung, wenn Sie neue Aufgaben übertragen bekommen.
☐	Machen Sie sich Notizen zu Ihren Fragen und Ihrer Einarbeitung.
☐	Falls Sie keinen Einarbeitungsplan bekommen, fragen Sie danach oder erarbeiten Sie einen mit Ihrer Mentorin / Ihrer Patin.
☐	Falls Sie keine Patin oder Mentorin haben, fragen Sie nach einer entsprechenden Person bei Ihrer Führungskraft.
☐	Schließen Sie sich nach Möglichkeit den Gruppen zum Mittagessen an. Oder gehen Sie gemeinsam mit Kolleginnen in die Kaffeepause.
☐	Fordern Sie aktiv Feedback von Ihrer Führungskraft und Ihren Kolleginnen ein.
☐	Sie sind motiviert, zeigen Sie das, indem Sie auch aktiv fragen, ob und wie Sie in Ihrem Arbeitsbereich unterstützen können.
☐	Trauen Sie sich nach einer guten Einführung in eine Aufgabe zu, diese beim nächsten Mal selbstständig auszuführen.
☐	Bringen Sie eigenen Ideen in angemessener Weise und Maß ein. Gerade in der ersten Zeit ist es wichtig, gut zuzuhören und zuzuschauen. Wenn Sie aber eine überzeugende Idee haben, zögern Sie nicht, diese zu äußern.
☐	Raum für Ihre eigenen Ideen zur Einarbeitung:
☐	Raum für Ihre eigenen Ideen zur Einarbeitung:
☐	Raum für Ihre eigenen Ideen zur Einarbeitung:

Tab. 8.24 Woran Sie Mobbing erkennen können

☐		Sie fühlen sich nachhaltig belastet. Können nach der Arbeit nicht abschalten, grübeln über Situationen aus der Arbeit und schlafen deshalb schlecht oder nicht.
☐		Eine oder mehrere Kolleginnen kritisieren Sie permanent und unverhältnismäßig. Sie fühlen sich häufig ungerecht behandelt.
☐		Sie werden aktiv ausgeschlossen. Zum Beispiel werden Sie in Mail-Verteiler nicht integriert oder man schließt bewusst Sie von sozialen Aktivitäten in und rund um die Arbeit aus.
☐		Über Sie werden Gerüchte verbreitet oder man lästert über Sie.
☐		Ihre Arbeit wird sabotiert.
☐		Ihnen werden Informationen vorenthalten, die Sie zur Erledigung Ihrer Arbeit benötigen.
☐		Man teilt Ihnen im Team wiederholt und übermäßig Aufgaben zu, die deutlich unter Ihrem Niveau liegen.
☐		Die oben genannten Dinge geschehen wiederholt über einen Zeitraum von mehreren Wochen oder länger.
☐		Welche weiteren Indizien sehen Sie:
☐		Welche weiteren Indizien sehen Sie:

Tab. 8.25 Woran Sie Bossing erkennen können

☐	Sie fühlen sich nachhaltig belastet. Können nach der Arbeit nicht abschalten, grübeln über Situationen aus der Arbeit und schlafen deshalb schlecht oder nicht.
☐	Sie erhalten dauerhaft oder immer wieder Aufgaben unter Ihrem Qualifikationsniveau.
☐	Ihre Chefin kritisiert Sie aus nichtigem Anlass vor anderen Kolleginnen.
☐	Sie werden unverhältnismäßig, z.B. als faul, dumm oder unfähig kritisiert.
☐	Ihnen werden sinnfreie Anweisungen und/oder Aufgaben gegeben.
☐	Ihre Chefin nutzt die Führungsposition aus.
☐	Die oben genannten Dinge geschehen wiederholt über einen Zeitraum von mehreren Wochen oder länger.
☐	Welche weiteren Indizien sehen Sie:
☐	Welche weiteren Indizien sehen Sie:

Tab. 8.26 Wege aus der Mobbing-/ Bossing-falle

☐	Tauschen Sie sich mit Freundinnenoder Familienangehörigen Ihres Vertrauens über diese Vorkommnisse aus. Wie beurteilen diese die Situation
☐	Stellen Sie Transparenz her. Konfrontieren Sie die betroffenen Akteure mit deren Verhalten und sprechen Sie diese sachlich darauf an, warum Sie sich so verhalten
☐	Machen Sie sich Notizen zu allen Vorkommnissen. Wann ist was passiert? Wer war beteiligt? Wie haben Sie reagiert?
☐	Im Falle des Mobbings– hat die direkte Ansprache richt gefruchtet- suchenSie das Gespräch mit Ihrer Führungskraft. Im Falle des Bossing wenden Sie sich an die Führungskraft Ihrer Chefin.
☐	Hat auch dies nichts geändert, wenden Sie sich an Ihren Personabder Betriebsrat. Gibt es in Ihrem Unternehmerkeinen, holen Sie sich Rat bei der Gewerkschaft.
☐	Bringt dies alles nichts, wenden Sie sich an einen Fachanwalt für Arbeitsrecht und kündigen Sie in letzter Konsequenz. Das ist kein Scheitern ode Aufgaben, sondern Sieschützen so Ihre geistige und körperliche Gesundheit!

Jahr 1 von heute: Was wollen Sie erreichen?

Beruflich:	Persönlich:

Spezifizieren Sie Ihr Ziel in einem Satz:
Ihr Erfolg ist messbar an:
Was macht Ihr Ziel anspruchsvoll:
Warum ist Ihr Ziel realistisch:
Bis wann wollen Sie was in diesem Jahr erreicht haben:

Jahr 2 von heute: Was wollen Sie erreichen?

Beruflich:	Persönlich:

Spezifizieren Sie Ihr Ziel in einem Satz:

Ihr Erfolg ist messbar an:

Was macht Ihr Ziel anspruchsvoll:

Warum ist Ihr Ziel realistisch:

Bis wann wollen Sie was in diesem Jahr erreicht haben:

Jahr 3 von heute: Was wollen Sie erreichen?

Beruflich:	Persönlich:

Spezifizieren Sie Ihr Ziel in einem Satz:
Ihr Erfolg ist messbar an:
Was macht Ihr Ziel anspruchsvoll:
Warum ist Ihr Ziel realistisch:
Bis wann wollen Sie was in diesem Jahr erreicht haben:

Jahr 4 von heute: Was wollen Sie erreichen?

Beruflich:	Persönlich:
Spezifizieren Sie Ihr Ziel in einem Satz:	
Ihr Erfolg ist messbar an:	
Was macht Ihr Ziel anspruchsvoll:	
Warum ist Ihr Ziel realistisch:	
Bis wann wollen Sie was in diesem Jahr erreicht haben:	

Jahr 5 von heute: Was wollen Sie erreichen?

Beruflich:	Persönlich:

Spezifizieren Sie Ihr Ziel in einem Satz:

Ihr Erfolg ist messbar an:

Was macht Ihr Ziel anspruchsvoll:

Warum ist Ihr Ziel realistisch:

Bis wann wollen Sie was in diesem Jahr erreicht haben:

Tab. 9.1 Kriterien für ein gutes Traineeprogramm

☐	Das Unternehmen ist hinreichend groß, um Ihnen Einblicke in verschiedene Bereiche gewähren zu können.
☐	Es gibt einen festen, für Sie nachvollziehbaren Plan, wie viel Zeit Sie in welchen Bereichen des Unternehmens verbringen.
☐	Sie haben Einfluss darauf, in welchem Bereich Sie nach Abschluss arbeiten wollen.
☐	Das Unternehmen übernimmt in der Regel die Trainees nach Abschluss des Programms.
☐	Sie beziehen ein für Akademikerinnen angemessenes Gehalt.
☐	Das Traineeprogramm dauert in etwa zwei Jahre.
☐	Das Programm wird von Fortbildungsmaßnahmen flankiert.
☐	Sie haben eine feste Ansprechpartnerin / Patin für die Zeit des Programms, unabhängig von den Abteilungen, in denen Sie sind.
☐	Sie haben Gelegenheit und entsprechende Foren, um sich mit anderen Mentees im Unternehmen auszutauschen.
☐	Trainees haben in der Unternehmenskultur den Stellenwert voller Mitarbeiterinnen und es werden ihnen entsprechende anspruchsvolle Aufgaben und Verantwortungen übertragen.
☐	Es gibt die Möglichkeit eines Auslandsaufenthaltes im Konzern.

Tab. 9.3 Entscheidungshilfe Start-up, – Mittelstand – Großkonzern

Passt die Arbeit in einem Start-up zu mir?	
Ein junges Team ist mir wichtig.	- ①②③④⑤+
Flache Hierarchien sind mir besonders wichtig. Ich will sehr nah am Management / an den Gründerinnen arbeiten.	- ①②③④⑤+
Feste Prozesse und Standards sind mir nicht wichtig.	- ①②③④⑤+
Ich lege Wert auf flexible Arbeitszeiten, jenseits von nine to five	- ①②③④⑤+
Ich kann gut mit Fehlern umgehen.	- ①②③④⑤+
Ein sicherer Arbeitsplatz ist mir weniger wichtig.	- ①②③④⑤+
Ich kann gut improvisieren.	- ①②③④⑤+
Ich kann mit Chaos gut umgehen.	- ①②③④⑤+
Ich kann sehr gut und schnell mit Veränderungen umgehen.	- ①②③④⑤+
Ich kann mir gut vorstellen, einmal selbst zu gründen.	- ①②③④⑤+
Eigene Überlegung:	- ①②③④⑤+
Eigene Überlegung:	- ①②③④⑤+
Summe der Punkte x von 60 Punkten	_____
Passt die Arbeit in mittelständischen Unternehmen zu mir?	
Ich will in einem Unternehmen mit flachen Hierarchien arbeiten.	- ①②③④⑤+

(Fortsetzung)

Tab. 9.3 (Fortsetzung)

Ein sicherer Arbeitsplatz ist mir wichtig.	- ①②③④⑤+
Ich will einen möglichst breiten Einblick in ein Unternehmen haben, mit vielen verschiedenen Abteilungen zu tun haben.	- ①②③④⑤+
Eine persönliche, familiäre Arbeitsatmosphäre ist mir sehr wichtig.	- ①②③④⑤+
Ich will mich längerfristig an das Unternehmen binden.	- ①②③④⑤+
Unternehmerisches Denken ist mir nicht fremd.	- ①②③④⑤+
Ich fühle mich meiner Region / der Region des Unternehmens verbunden.	- ①②③④⑤+
Ich muss nicht unbedingt in einer großen Stadt arbeiten.	- ①②③④⑤+
Im Zweifel ist mir der Inhalt der Arbeitsstelle wichtiger als schnelle Gehaltssprünge.	- ①②③④⑤+
Mir ist das Gefühl wichtig zu sehen, dass meine Arbeit zum Gesamterfolg des Unternehmens beiträgt.	- ①②③④⑤+
Eigene Überlegung:	- ①②③④⑤+
Eigene Überlegung:	- ①②③④⑤+
Summe der Punkte x von 60 Punkten	_____
Passt die Arbeit in einem Großkonzern zu mir?	
Ich habe kein Problem mit großen Hierarchien.	- ①②③④⑤+
Ich arbeite gern entlang definierter Prozesse.	- ①②③④⑤+
Ich will in einem Unternehmen arbeiten, dass sehr viele unterschiedliche Bereiche hat.	- ①②③④⑤+
Ich kann mit einer gewissen Anonymität im Unternehmen umgehen.	- ①②③④⑤+

(Fortsetzung)

Tab. 9.3 (Fortsetzung)

Ein sicherer Arbeitsplatz ist mir besonders wichtig.	- ①②③④⑤ +
Ich will in einem Unternehmen arbeiten, in dem es möglichst viele Möglichkeiten für eine Spezialisten-/Führungskarriere gibt.	- ①②③④⑤ +
Ich bin überregional/international flexibel.	- ①②③④⑤ +
Der Name und die Bekanntheit des Unternehmens sind mir wichtig.	- ①②③④⑤ +
Ein höheres, tarifgebundenes Gehalt ist mir wichtig.	- ①②③④⑤ +
Mir gefällt das Gefühl, kleiner Teil eines größeren Ganzen zu sein.	- ①②③④⑤ +
Eigene Überlegung:	- ①②③④⑤ +
Eigene Überlegung:	- ①②③④⑤ +
Summe der Punkte x von 60 Punkten	_____

Tab. 9.4 Ein paar Grundregeln für eine gute Balance zwischen Arbeit und Leben

	Spezialistin	Führungskraft
Personale Kompetenz	Sie sollten motiviert sein, sich in einem oder mehreren Fachbereichen intensiv einzuarbeiten und sich stetig fortzubilden. Idealerweise verbinden Sie das Wort „leidenschaftlich" mit Ihrem Thema.	„Zur Führungskraft geboren", klingt natürlich etwas pathetisch. Meiner persönlichen Meinung und Erfahrung nach aber ist das Grundpotenzial zur Führungskraft tief in der Persönlichkeit verankert und lässt sich nur bedingt erlernen. Als Führungskraft müssen Sie gerne und viel mit anderen, mitunter auch komplizierten Menschen zusammenarbeiten können.
Sozialkompetenz	Dass Sie gut im Team arbeiten können, ist für nahezu jeden Job selbstverständlich. Als Spezialistin sind Sie die erste und beste Ansprechpartnerin im Team für ein bestimmtes Thema. Auch als Spezialistin sollten Sie daher in der Lage sein, z.B. die fachliche Führung eines Teams in Projekten übernehmen zu können.	Ein Team zu führen ist etwas grundlegend anderes, als in einem Team zu arbeiten. Meiner Einschätzung nach zeichnen sich gute Führungskräfte dadurch aus, dass sie in der Lage sind, klare Entscheidungen zu treffen, dabei mitunter konsequent, zugleich aber empathisch vorgehen. Weitere wichtige Eigenschaften sind z.B. Konfliktfähigkeit, diplomatisches Geschick und ein Verhandlungstalent.
Methodenkompetenz	Sie verfügen nicht nur über ein tiefes Spezialwissen, sondern Sie sind auch Expertin darin, dieses Wissen in der Unternehmenspraxis anzuwenden. Als Spezialistin arbeiten Sie überwiegend an fachlichen Themen und mit Dingen. Das Thema steht im Mittelpunkt. In den meisten akademischen Berufen ist es wichtig, dass Sie in den Themen Projektarbeit und Projektmanagement methodisch fit sind.	Ihr Führungstalent können Sie mit Führungsmethoden verfeinern. Zum guten Führen gehört es aber auch, loslassen zu können. Das bedeutet, Sie delegieren Aufgaben an Ihre Mitarbeiterinnen und geben diesen Spielraum bei der Umsetzung und auch für neue Ideen. Als Führungskraft arbeiten Sie überwiegend mit den Menschen. Sie vor dem Hintergrund eines Themas zu koordinieren und zu führen, ist Ihr Arbeitsschwerpunkt.
Fachkompetenz	Als Spezialistin hat man nie ausgelernt, sondern strebt an, in seinem Fachbereich immer mehr zur ausgewiesenen Expertin zu werden. Selbstverständlich sind Sie nicht Ihr ganzes Berufsleben an ein bestimmtes Thema gebunden. Als Spezialistin sind Sie auch gut darin, sich schnell in ein neues Thema einzuarbeiten.	Die Kunst des Führens bedeutet, fachlich den Überblick zu bewahren, ohne sich in den Details fachlicher Aufgaben zu verlieren. Für die detaillierte „Feinarbeit" sind die Spezialisten Ihres Teams zuständig. Ihr fachliches Wissen sollte hinreichend gut sein, dass Sie tragfähige Entscheidungen treffen können.

Tab. 3.5 Ihre 5 persönlichen Regeln für eine gute Work-Life-Balance

(1)
(2)
(3)
(4)
(5)

Stichwortverzeichnis

© Der/die Herausgeber bzw. der/die Autor(en), exklusiv lizenziert an Springer Fachmedien Wiesbaden GmbH, ein Teil von Springer Nature 2023
S. Pflaum, *Kompass Digitale Bewerbung,* https://doi.org/10.1007/978-3-658-41691-1

Printed in the United States
by Baker & Taylor Publisher Services